JOSEPH PRINCE

JESUS, MEIN BESTER FREUND

31 ANDACHTEN FÜR KINDER

Die englische Originalausgabe erschien im Verlag 22 Media Pte. Ltd. unter dem Titel *Jesus, my best friend.* Published by arrangement with 22 Media Pte. Ltd., www.josephprince.com.

Die Deutsche Nationalbibliothek verzeichnet diese Publikation in der Deutschen Nationalbibliografie; detaillierte bibliografische Daten sind im Internet über https://dnb.de abrufbar.

Bibelzitate, sofern nicht anders angegeben, wurden der Schlachter Bibelübersetzung entnommen. Bibeltext der Schlachter, Copyright © 2000 Genfer Bibelgesellschaft. Alle Rechte vorbehalten. Alle Bibelübersetzungen wurden mit freundlicher Genehmigung der Verlage verwendet.

ELB *Revidierte Elberfelder Bibel,* © 2006 SCM R.Brockhaus, Witten.
EÜ *Einheitsübersetzung,* © 1980 Kath. Bibelanstalt GmbH, Stuttgart.
GNB *Gute Nachricht Bibel,* © 2000 Deutsche Bibelgesellschaft Stuttgart.
HFA *Hoffnung für alle,* © by Biblica, Inc.®, hrsg. von Fontis.
KJV *King James Version.*
LUT *Lutherbibel,* revidiert 2017, © 2016 Deutsche Bibelgesellschaft Stuttgart.
NGÜ *Neue Genfer Übersetzung,* © 2011 Genfer Bibelgesellschaft.
NLB *Neues Leben Bibel,* © 2006 SCM R.Brockhaus, Witten.

Umschlaggestaltung und Illustrationen: © 22 Media Pte. Ltd.
Corporate Design: spoon design, Olaf Johannson
Übersetzung: Christina Wieser
Lektorat: Gabriele Kohlmann, Sonja Yeo
Korrektorat: Thilo Niepel
Satz: Ladina Wieser
Druck: Westermann Druck Zwickau GmbH, Crimmitschauer Straße 43, 08058 Zwickau
Printed in Germany

2. Auflage 2025

Hardcover: ISBN 978-3-95933-242-2, Bestellnummer 372242

www.gracetoday.de

DIESES BUCH WIDME ICH IN LIEBE MEINEM SOHN JUSTIN.

EINE ANMERKUNG DES AUTORS

Hallo! Ich freue mich so sehr, dass du das hier liest!

Ich habe zwei Kinder, die ich von ganzem Herzen liebe, und ich wünschte, ich könnte die ganze Zeit bei ihnen sein. Ich wünschte, ich könnte bei ihnen sein, um sie zu leiten und mich jeden einzelnen Moment um sie zu kümmern – aber natürlich kann ich das nicht.

Deshalb habe ich meine Kinder mit jemandem bekannt gemacht, der größer ist als ich und der sie über alles liebt. Seine Liebe ist sogar so groß, dass er sich am Kreuz geopfert hat, um sie zu retten und zu befreien. Und auch dich möchte ich gerne mit ihm bekannt machen!

Sein Name ist Jesus. Er ist der Herr des ganzen Universums, und er möchte dein bester Freund sein!

Er ist ein Freund, der dir helfen kann, immer zur richtigen Zeit am richtigen Ort zu sein. Er will dir zeigen, wie du in allem, was du tust, erfolgreich sein kannst. Er ist ein Freund, der dich nie im Stich lässt. Und du kannst immer mit ihm sprechen – egal, wo du bist oder was du gerade tust.

Ich wünsche dir, dass du ihn als deinen besten Freund sehen kannst, der immer da ist, um dir in jeder Situation zu helfen!

Ich bete, dass du und deine Familie »Tage des Himmels auf Erden« erleben werdet (dieses Versprechen steht in 5. Mose 11,21!), wenn du durch dieses Buch unseren Herrn Jesus kennenlernst!

Mit Liebe und Gebeten
für dich,
Pastor Prince

INHALT

TAG 1

MÄÄÄH!

Der Herr ist mein Hirte,
ich habe alles, was ich brauche.

PSALM 23,1 NLB

Als Gott die Schafe erschuf, machte er sie nicht wild oder schnell. Sie haben keine Krallen oder Reißzähne und erschrecken niemanden. Schafe können nicht wegfliegen oder schnell genug laufen, um sich selbst in Sicherheit zu bringen. Sie haben auch keinen Panzer wie die Schildkröte, um sich darunter zu verstecken. Schafe mögen recht hilflos erscheinen, aber Gott gab ihnen etwas, das kein anderes Tier hat.

Gott gab ihnen einen Hirten.

Von Anfang an hatten Schafe Hirten, die sich um sie kümmerten. Adam und Evas Sohn, Abel, war Hirte. Auch Bibelhelden wie Mose und David waren Hirten. Mose kümmerte sich vierzig Jahre lang um Schafe, bevor der Herr ihn beauftragte, das Volk Israel aus Ägypten herauszuführen. David, der Hirtenjunge, liebte seine Schafe so sehr, dass er mit Löwen und Bären kämpfte, um sie zu retten!

Genau dieser David schrieb:

Der Herr ist mein Hirte,
ich habe alles, was ich brauche.
Er lässt mich in grünen Tälern ausruhen,
er führt mich zum frischen Wasser.
Er gibt mir Kraft.
Er zeigt mir den richtigen Weg um seines Namens willen.
Auch wenn ich durch das dunkle Tal des Todes gehe,
fürchte ich mich nicht, denn du bist an meiner Seite.
Dein Stecken und Stab schützen und trösten mich.

Psalm 23,1–4 NLB

David wusste, wie sehr seine Schafe von ihm abhängig waren. Tagsüber führte er sie, fütterte und versorgte sie. Nachts bewachte er die Herde, um sie vor Schaden zu bewahren.
Solange die Schafe bei ihrem Hirten waren, waren sie in Sicherheit und hatten alles, was sie brauchten!

Lies, was David in Psalm 23 noch schrieb.

Hey Jesuskind!

Die gute Nachricht ist, dass Jesus uns seine Schafe nennt. Die noch bessere Nachricht ist, dass er sich selbst unseren guten Hirten nennt. Ja, das stimmt: Er ist nicht nur unser bester Freund, er ist auch unser Hirte! Wenn der Sohn Gottes selbst unser Hirte ist, dann kannst du sicher sein, dass wir immer alles haben werden, was wir brauchen.

Auf dieses Versprechen können wir ganz sicher vertrauen, weil er uns so sehr liebt. Am Kreuz gab er sein Leben für uns, um uns von all dem Schlechten, das eigentlich wir verdient hätten, zu befreien. Als er vom Tod auferstand, gab unser Herr Jesus uns all das Gute, das wir nicht verdient hatten.

Der Herr ist unser Hirte, und wir sind seine Schafe. Wir können uns bei allem, was wir brauchen, auf ihn verlassen.

Was brauchst du heute?
Mach das, was Schafe
am besten können.
Ruf nach deinem Hirten!

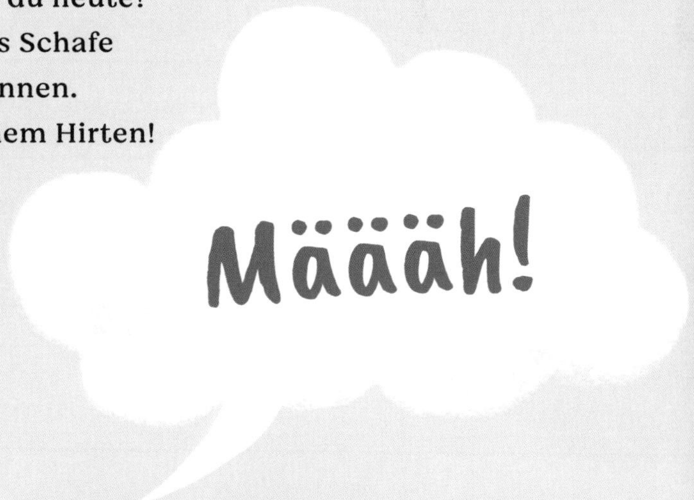

TAG 2

IMMER ALLES UNTER KONTROLLE

Und er stand auf, befahl dem Wind und sprach zum See: Schweig, werde still! Da legte sich der Wind, und es entstand eine große Stille.

Markus 4,39

Eines Abends überquerten Jesus und seine Jünger gerade den See, als sie von einem schrecklichen Sturm erwischt wurden. Der Wind heulte, und die Wellen füllten ihr Boot mit Wasser. Die verängstigten Jünger rempelten und schrien sich gegenseitig an, weil sie solche Mühe hatten ihr Boot vor dem Sinken zu bewahren.

Stell dir vor, wie sie sich gefühlt haben müssen, als sie sahen, dass Jesus im hinteren Teil des Bootes einfach schlief! Wie kann jemand inmitten einer solch verzweifelten Situation so entspannt sein?

Die verängstigten Männer weckten Jesus auf und schrien:

Meister! Ist es dir egal, dass wir gleich ertrinken werden?

Das war ihre Art, Jesus mitzuteilen:
»Mach doch was! Hilf uns jetzt!«

Aber was an Jesus, unserem besten Freund, richtig cool ist: Wenn er etwas tut, dann hat es immer Stil. Er krempelte nicht seine Ärmel hoch, um gemeinsam mit seinen Männern das Wasser aus dem Boot zu schöpfen. Er stand auch nicht auf, um seiner Mannschaft Befehle zu geben.
Nein, als Jesus aufstand und sprach, gab er stattdessen dem Sturm Befehle!

In dem schaukelnden Boot stand er einfach auf und befahl dem Wind und den Wellen:

Sofort hörte der Wind auf, und der See wurde vollkommen ruhig. Allein durch sein Sprechen verwandelte unser Herr etwas ganz und gar Gefährliches in etwas vollkommen Friedliches. Wow.

Hey Jesuskind!

Unser Jesus ist so cool und gelassen! Er weiß immer genau, was zu tun ist und wann es zu tun ist. Er muss sich nie beeilen oder panisch werden. Es ist egal, wo wir sind oder was gerade passiert: Jesus hat immer das Sagen, und er hat immer alles unter Kontrolle. Es gibt kein Problem, das ihm zu groß wäre. Wenn er dir in einer schwierigen Lage hilft, dann hat es immer Stil.
Er kann zu jeder Situation sagen: »Schweig! Werde still!«, und dann wird ganz sicher etwas Erstaunliches passieren.

Er ist der Freund, der immer für dich da ist. Jedes Mal, wenn du betest und mit ihm sprichst, hört er dich. Selbst wenn du nicht sofort eine Veränderung siehst: Mach dir keine Sorgen und hab keine Angst. Bleib einfach ruhig und denk daran, dass er dich lieb hat.

Anstatt zu sagen: »Meister! Ist es dir egal?«, kannst du sagen:

Danke, lieber Jesus, dass du mich so sehr liebst. Ich muss keine Angst haben. Ich vertraue dir.

TAG 3

SEI GELIEBT

Und aus dem Himmel sprach eine Stimme: »Du bist mein geliebter Sohn, an dir habe ich große Freude.«

Markus 1,11 NLB

Es war ein schöner Tag am Ufer des Jordan. Die Leute warteten darauf, getauft zu werden. Einer nach dem anderen wateten sie in den Fluss, wo Johannes der Täufer sie ins Wasser tauchte und wieder heraushob.

Dann kam Jesus, um sich taufen zu lassen. Als Johannes Jesus aus dem Wasser hob, passierte etwas ganz Erstaunliches. Der Himmel öffnete sich, und eine Taube aus dem Himmel landete auf Jesus. Dann sagte eine Stimme vom Himmel her:

Du bist mein geliebter Sohn, an dir habe ich große Freude!

Als Gott an diesem Tag freudig seine Liebe zu seinem Sohn verkündete, hatte Jesus noch kein einziges Wunder vollbracht. Er hatte noch nicht die Kranken geheilt, die Hungrigen gespeist oder den Sturm gestillt. Jesus würde bald viele große und mächtige Dinge tun. Doch Gott wollte Jesus wissen lassen, dass er sich die Liebe seines Vaters durch nichts verdienen musste. Er konnte sich der Liebe von seinem himmlischen Papa sicher sein – einfach weil er sein Sohn war!

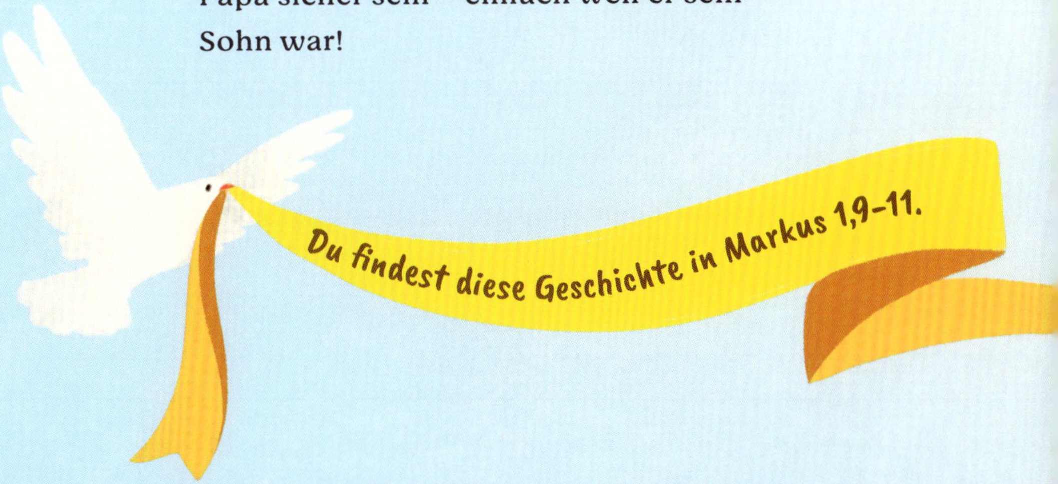

Hey Jesuskind!

Weißt du, dass Gott dich genauso lieb hat wie seinen kostbaren Sohn Jesus? Es gibt nichts, was du tun könntest, damit er dich mehr oder gar weniger liebt.

Gott hatte schon dann große Freude an Jesus, bevor Jesus überhaupt ein einziges Wunder getan hatte. Und genauso hat er auch an dir schon jetzt große Freude. Bevor du auch nur einen einzigen Wettlauf gewinnst oder vielleicht Klassenbester wirst, sagt er zu dir: »Mein liebes Kind, ich freue mich so sehr über dich. Du bist mein geliebtes Kind!«

Je genauer du weißt, wie wertvoll du für Gott bist, desto mehr wirst du zu einem Sieger. Du wirst dich Herausforderungen stellen können, weil du weißt, dass er an deiner Seite ist und bereit, dir zu helfen. Gott, dein himmlischer Papa, freut sich selbst dann noch über dich, wenn du scheitern solltest. Und wenn du das weißt, wirst du die Kraft und den Mut haben, wieder aufzustehen und es erneut zu versuchen.

Du bist sein geliebtes Kind – und das wird sich niemals ändern. Er ist mit dir und für dich, und das jeden Tag und zu jeder Zeit. Geh zu ihm, denn bei ihm gibt es alles, was du brauchst. Lebe jeden Tag in dem Wissen, dass du von Gott geliebt bist!

TAG 4

RIESENTÖTER

… aber die Leute,
die ihren Gott kennen,
werden stark sein und
große Taten vollbringen.

Daniel 11,32 KJV

Die Sache mit Goliat, dem Riesen, war ganz schön problematisch. Vierzig Tage lang stand er morgens und abends da und schrie das Heer Israels laut an. Er war groß und gemein und furchterregend. Jedes Mal, wenn er sich blicken ließ, zitterte das Heer Israels und lief davon.

Dies setzte sich so lange fort, bis ein Hirtenjunge namens David auf dem Schlachtfeld auftauchte. Anstatt ängstlich zu sein, war David mutig. Wie konnten die Feinde es wagen, Gottes Volk auf diese Weise anzuschreien! Er würde Goliat eine Lektion erteilen!

Jeder sah David an und schüttelte den Kopf. Wie kann ein junger Hirtenjunge ein Riesentöter sein? Er war zu jung und zu klein. Sie sahen nur die ungleichen Chancen und konnten sich gar nicht vorstellen, wie David überhaupt gewinnen sollte.

Aber David war anders. Anstatt darauf zu schauen, wie klein er war, sah er darauf, wie groß Gott war. Und er war sicher, dass sein großer Gott mit ihm und für ihn war.

Als jeder wegrannte, rannte David auf den Riesen zu und sagte: »Heute wird der Herr dich in meine Hand geben, und ich werde dich besiegen!«

Und genau so passierte es. Mit einem Schuss aus seiner Schleuder besiegte David Goliat und befreite das Volk Gottes von seinen Feinden!

Lies 1. Samuel 17,1-54 und erfahre noch mehr.

Hey Jesuskind!

Was unterschied David so sehr von den anderen? Die Antwort ist einfach: Er wusste, dass der Kampf dem Herrn gehörte. David war sich sicher, dass sein bester Freund ihn nicht im Stich lassen würde – egal, womit er es zu tun hatte. David wusste: Er konnte immer darauf zählen, dass der Herr ihm den Sieg geben würde. Das machte ihn mutig, sich allem zu stellen, was auf ihn zukam!

Immer wenn du etwas hörst oder siehst, das dich beunruhigt oder dir Angst macht, lauf nicht weg und versteck dich nicht. Sei wie David. Vertraue dem Herrn. Die Bibel sagt uns:

... aber die Leute, die ihren Gott kennen, werden stark sein und große Taten vollbringen. Daniel 11,32

Wir kennen den Herrn. Wir wissen, wie sehr er uns liebt. Wir gehören zu ihm, und kein Riese darf uns im Weg stehen!

Stell dich dem Schulfach, in dem du vielleicht Schwächen hast. Arbeite an der Matheaufgabe oder dem unmöglichen Projekt – im Vertrauen darauf, dass dein bester Freund, Jesus, dir den Sieg schenken wird. Lass nicht zu, dass du aus Angst oder Sorge vor Dingen wegläufst, von denen du weißt, dass sie getan werden müssen.

Mach es wie David. Freue dich darüber, dass Gott dich so sehr liebt. Stelle dich deinem Riesen und sag: »Ich kann alles durch Christus, der mich stark macht!« (Philipper 4,13).

Sei heute mutig wie David!

TAG 5

DAS GEHEIMNIS GUTEN ERFOLGS

Der HERR aber war mit Josef, und er war ein Mann, dem alles gelang …

1. Mose 39,2 ELB

Josef war noch ein Teenager, als er als Sklave nach Ägypten verkauft wurde. Ganz plötzlich verlor Josef alles und jeden in seinem Leben. Er hatte keine Familie, keine Freunde, keine Freiheit und keine Möglichkeit, sich selbst zu helfen. Die Lage schien aussichtslos ... aber Josef blieb nicht lange hilflos. Denn egal, wo er war oder was mit ihm passierte: Josef war nie allein. Er wusste, dass der Herr als sein bester Freund mit ihm war und dass er ihn zu einem erfolgreichen Mann machen würde.

Der Herr war mit Josef und das machte den Unterschied in Josefs Leben aus. Was immer er tat, der Herr half ihm, es gut zu machen. Die Wassermelonen, die Josef gepflanzt hat, müssen die größten und süßesten überhaupt gewesen sein! Kannst du es dir vorstellen? Alles, was Josef tat, machte er besser als die anderen. Sein ägyptischer Herr, Potifar, war so zufrieden, dass er Josef die Verantwortung für alles übertrug, was ihm gehörte.

Dann gab es wieder Ärger. Josef wurde zu Unrecht ins Gefängnis geworfen. War dies das Ende für Josef? Nein! Der Herr schenkte Josef so viel Gunst beim Gefängnisdirektor, dass dieser Direktor Josef die Verantwortung über alle anderen Gefangenen übertrug. Weil der Herr mit ihm war, war Josef sogar im Gefängnis erfolgreich.

War Josef am Ende nur ein erfolgreicher Gefangener? Nein! Eines Tages ließ der Pharao Josef zu sich rufen. Obwohl das Treffen schnell vorbei war, gab der Herr ihm so viel Weisheit und Gunst, dass der Pharao Josef zu seinem Stellvertreter über ganz Ägypten machte!

Entdecke Josefs spannende Geschichte in 1. Mose 37+39–41.

Hey Jesuskind!

Der Herr möchte, dass du in allem, was du tust, erfolgreich bist. Aber dieser Erfolg kommt nicht durch deine eigene Stärke oder durch das, was du hast. Erfolg kommt, wenn du weißt, dass der Herr mit dir ist. ER ist das Geheimnis deines guten Erfolgs.

Verglichen mit anderen bist du vielleicht nicht am stärksten, am klügsten oder am schnellsten – aber weil der Herr mit dir ist, gibt er dir alle Stärke, Weisheit und Gunst, die du brauchst, um in allem, was du tust, erfolgreich zu sein. Wenn du Jesus hast, hast du alles, was du brauchst!

Beginne jeden Tag mit dem Wissen, dass du nie allein bist – egal, wo du bist oder was du tust. Als dein bester Freund ist Jesus mit dir, für dich und immer an deiner Seite. Wenn du morgens aus dem Haus gehst, lächle und sage:

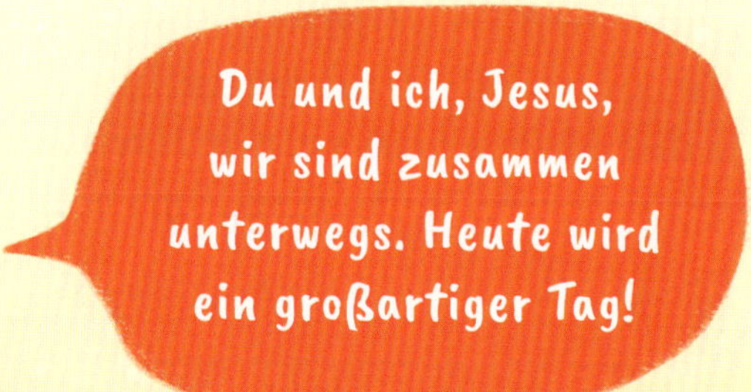

Der Herr ist mit dir, und du bist ein erfolgreiches Jesuskind!

TAG 6

JESUS KANN UND WILL

Jesus berührte ihn. »Ich will es tun«, sagte er. »Sei gesund!« Und im selben Augenblick war der Mann von seiner Krankheit geheilt.

Matthäus 8,3 NLB

Es kam einmal ein leprakranker Mann zu Jesus. Das war sehr mutig, denn er wusste, dass er damit das Gesetz brach. Jeder Leprakranke musste sich von allen anderen Menschen fernhalten. Das bedeutet, niemand durfte ihm helfen, selbst wenn man es gewollt hätte!

Der Mann fiel vor Jesus nieder und sagte:

Er wusste, dass Jesus die Macht hatte, ihn zu heilen – aber er wusste nicht, ob Jesus es auch tun würde. Würde Jesus wie alle anderen sein und ihn fortjagen?

Die gute Nachricht ist: Jesus ist nicht wie alle anderen, die wir kennen. Voller Liebe sah Jesus den leprakranken Mann an, streckte seine Hand aus, berührte ihn und sagte: »Ich will es tun. Sei gesund!« Im selben Augenblick wurde der kranke Körper des Mannes wieder vollkommen gesund!

An diesem Tag empfing der Mann mehr als nur die Heilung, die er so sehr wollte. Diese eine Berührung von Jesus half ihm, in seinem Herzen zu glauben, wie sehr der Herr ihn liebte und nur das Beste für ihn wollte!

Scanne diesen QR-Code, um dir das Video dieser Geschichte anzusehen!

Ich liebe dich und nehme dich genau so an, wie du bist. Ich bin MEHR als bereit, dir zu helfen.
Sei geheilt!
Lies in Matthäus 8,1-4, wie sehr unser Herr den leprakranken Mann liebte.

Hey Jesuskind!

Ist es nicht großartig, dass der Herr, dein bester Freund, die Macht und immer den Wunsch hat, auch dich zu heilen? Er will nie, dass du krank bist oder dich unwohl fühlst. Ganz egal, was für ein Problem dein Körper hat, du kannst sicher sein: Jesus will immer, dass du stark und gesund bist. Er KANN und WILL dich heilen.

Als Jesus ans Kreuz ging, bezahlte er den Preis für alle unsere Krankheiten und Schmerzen. Er ließ sich schlagen und auspeitschen, damit wir heute sagen können: »Durch seine Wunden sind wir geheilt!« (Jesaja 53,5).

Wenn du heute Heilung brauchst, kannst du zu Jesus gehen und sagen:

Lieber Jesus,
danke, dass du mich so sehr liebst.
Ich glaube, dass du mich heilen kannst
und es auch willst. Danke, dass du für
mich ans Kreuz gegangen bist. Durch
deine Wunden bin ich geheilt!
Amen!

TAG 7

SAG DANKE!

Jesus nahm die fünf Brote und die zwei Fische, blickte zum Himmel auf und dankte Gott dafür. Dann brach er die Brote in Stücke und gab sie seinen Jüngern, damit diese sie an die Menge verteilten.

Markus 6,41 NGÜ

Einmal trug Jesus seinen Jüngern auf, fünftausend hungrige Menschen zu essen zu geben. Sie waren draußen auf dem Land, wo es nichts zu essen gab.

Die Jünger fragten:

Aber Jesus wusste die Antwort. Er wusste, dass er nichts weiter tun musste, als aufzuschauen zu seinem himmlischen Vater, der ihm alles geben würde, was er brauchte. Als niemand sonst wusste, WOHER sie das benötigte Essen bekommen sollten, wusste Jesus bereits, von WEM sie es bekommen würden.

Jesus forderte die Leute auf, sich zu setzen und sich zum Essen bereit zu machen. Er nahm die fünf Brote und die zwei Fische, schaute zum Himmel auf und dankte. Dann brach er die Brote in Stücke und gab sie seinen Jüngern, die sie an die Leute austeilen sollten.

Anstatt sich um all das zu sorgen, was er nicht hatte, dankte Jesus seinem Vater für das, was er HATTE. An diesem Tag aßen die Leute so viel sie wollten. Als sie fertig waren, blieben zwölf Körbe voll Essen übrig. Wow!

Erlebe deinen besten Freund Jesus in Aktion in Markus 6,30-44.

Hey Jesuskind!

Wenn du in die Küche gehst und kein Wasser siehst, bedeutet das dann, dass es kein Wasser gibt? Natürlich nicht. Dreh einfach den Wasserhahn auf! Durch diesen einen Wasserhahn fließt mehr Wasser, als man bräuchte, um ein ganzes Schwimmbecken zu füllen. Das liegt daran, dass das Wasser aus einem noch größeren Vorrat stammt.

Der Vorrat von unserem liebenden Gott ist unendlich! Ganz egal, wie viel wir nehmen, es ist immer genug da – und dann immer noch viel mehr! Wenn du das, was du brauchst, heute nicht siehst, dann denk an dieses Beispiel mit dem Wasserhahn. Und erinnere dich daran: Fünf Brote und zwei Fische konnten fünftausend Menschen satt machen, und am Ende blieben sogar noch zwölf Körbe voll mit Resten übrig.

Wenn du überall nur siehst, was dir fehlt – seien es Freunde oder gute Noten –, dann mach dir keine Sorgen. Lass uns vom Herrn, unserem besten Freund, lernen, wie er mit einer solchen Situation umgegangen ist. Sag, wie er, einfach danke für alles, was du bereits hast, und sag erwartungsvoll danke für das, was du empfangen möchtest.

Sag: »Himmlischer Papa, ich schaue auf dich. Danke für alles, was du mir bereits gegeben hast. Danke, dass du es jetzt segnest und vermehrst!«

Lass uns so cool und gelassen sein wie Jesus und danken, weil wir wissen, dass unser guter und großzügiger Gott unbegrenzte Vorräte und Liebe hat.

Sag in jeder Situation danke!

TAG 8

BITTE GOTT EINFACH DARUM

Wenn es aber jemand unter euch an Weisheit mangelt, so erbitte er sie von Gott, der allen gern und ohne Vorwurf gibt, so wird sie ihm gegeben werden.

Jakobus 1,5

Es gab einmal einen Pharao, der zwei Träume in derselben Nacht hatte. Im ersten Traum fraßen sieben magere Kühe sieben fette Kühe auf.
Im zweiten Traum verschlangen sieben dürre Ähren sieben dicke Ähren. Der Pharao wollte wissen, was seine seltsamen Träume zu bedeuten hatten, doch keiner seiner Weisen konnte es ihm sagen. Schließlich sagte der Chefbutler: »Ich kenne jemanden, der helfen kann. Sein Name ist Josef, und er ist einer der Gefangenen.«

Der Pharao rief nach Josef und sagte: »Mir wurde erzählt, dass du Träume deuten kannst.« Anstelle von »Ja, das kann ich!« antwortete Josef:

Anstatt damit zu prahlen, was er selbst tun konnte, prahlte Josef damit, was der Herr für ihn tun würde. Josef wusste, dass er Gottes Weisheit brauchte, um dem Pharao zu sagen, was dieser wissen wollte.

Mithilfe von Gottes Weisheit erklärte Josef dem Pharao, was seine Träume bedeuteten. Der Pharao war davon so beeindruckt, dass er sagte:

An diesem Tag übertrug der Pharao Josef die Verantwortung über das ganze Land. So wurde aus Josef, dem Gefangenen, Josef, der Stellvertreter des Pharao von ganz Ägypten. Wow!

Entdecke die ganze Geschichte in 1.Mose 41,1-44.

Hey Jesuskind!

Manchmal wirst du vor Herausforderungen stehen, die zu groß für dich sind, und du wirst dann nicht wissen, was du tun sollst. Anstatt dich zu fürchten und dich aufzuregen, mach das, was Josef tat, als der Pharao ihn vor eine unmögliche Aufgabe stellte. Geh zu Jesus und sage: »Herr, ich kann es nicht. Aber du kannst es!«

Bitte Jesus um Weisheit. Er ist so gut, dass er uns jedes Mal, wenn wir ihn um Weisheit bitten, sie uns ganz sicher geben wird. Und wenn er sie uns gibt, kannst du sicher sein, dass er es auf besondere Weise tut. Er gibt sie uns gerne und großzügig, egal, wie oft wir ihn bitten! Woher können wir das wissen? Die Bibel sagt es uns:

Wenn es aber jemand unter euch an Weisheit mangelt, so erbitte er sie von Gott, der allen gern und ohne Vorwurf gibt, so wird sie ihm gegeben werden.

Jakobus 1,5

Für den Herrn ist keine Herausforderung zu groß. Was tust du also, wenn etwas zu schwierig für dich ist? Lauf zu Jesus, wie du zu einem Freund laufen würdest, und sage:

> Ich brauche deine Weisheit. Ich kann es nicht, aber du kannst es.

Seine Weisheit wird dir alles geben, was du brauchst. Wenn du bittest, vertraue darauf, dass du die Antworten bekommst, die du brauchst. Du kannst dich wirklich auf ihn verlassen.

Was tust du also, wenn du Weisheit brauchst?

Bitte Gott einfach darum!

TAG 9

EIN WEISES UND HÖRENDES HERZ

Verleih daher deinem Knecht ein hörendes Herz, damit er dein Volk zu regieren und das Gute vom Bösen zu unterscheiden versteht! Wer könnte sonst dieses mächtige Volk regieren?

1. Könige 3,9 EÜ

Eines Tages musste der weise König Salomo einen Streit zwischen zwei Frauen schlichten, von denen jede jeweils ein Baby hatte. Als eines der Babys starb, tauschte seine Mutter es gegen das Kind der anderen Frau aus und tat so, als wäre es ihr eigenes. Beide Frauen bestanden darauf: »Meines lebt! Deines ist tot!« Aber welche Frau sagte die Wahrheit?

Also befahl der König: »Zerteilt das Kind, und gebt beiden Frauen je eine Hälfte.« Natürlich meinte er es nicht so. Es war nur ein Test.

»Nein!«, schrie eine der Frauen.

»Ja!«, forderte die andere.

Und schon kannte jeder die Wahrheit. Es war offensichtlich. Die echte Mutter hätte nicht mitansehen können, wie ihr Baby getötet würde.

König Salomo war in der Tat ein weiser König! Aber wusstest du, dass dies nicht immer so gewesen war? Er wurde nicht mit dieser Weisheit geboren. Sie wurde ihm gegeben, als Gott ihm eines Nachts erschien und zu ihm sagte:

Was möchtest du haben? Bitte mich darum, und ich will es dir geben!

Salomo war noch sehr jung, als er König wurde. Er wusste, er würde viele Entscheidungen treffen müssen, um Gottes Volk richtig zu regieren. Anstatt um Macht und Reichtum zu bitten, erwiderte er:

Gott erfüllte Salomos Bitte und fügte noch viel mehr hinzu: Er gab Salomo sowohl Weisheit als auch Reichtum und Ehre (um die er Gott nicht gebeten hatte). Noch heute gilt König Salomo als der reichste Mann, der je gelebt hat!

Lies Salomos Geschichte in 1. Könige 3,4–28.

Hey Jesuskind!

Salomo war klug genug zu wissen, dass er die Weisheit und Hilfe des Herrn benötigte. Die gute Nachricht ist, dass wir genauso klug sein können wie er. Wir können den Herrn um dieselbe Sache bitten wie Salomo – seine Weisheit! Die Weisheit des Herrn macht uns zu Siegern im Leben. Sie hilft uns zu erkennen, wie wir die richtigen Dinge zur richtigen Zeit auf bestmögliche Art und Weise sagen und tun können.

Vielleicht hast du ein Problem, das du nicht lösen kannst. Womöglich geht es um einen Streit, wie in der biblischen Geschichte, und du weißt nicht, zu wem du halten sollst. Was machst du, wenn deine Freunde von dir erwarten, dass du dich für eine Seite entscheidest? Schlimmer noch: Was machst du, wenn du keine Partei ergreifen willst und deshalb nun alle sauer auf dich sind?

Tu, was Salomo tat. Bitte den Herrn um Weisheit und um ein hörendes Herz. Du kannst sicher sein, dass er dir die Antwort geben wird, die du brauchst. Dann wirst du – wie schon der weise König Salomo – genau wissen, was zu tun ist!

TAG 10

WENN ES HART AUF HART KOMMT

Aber trotz all dem tragen wir einen überwältigenden Sieg davon durch Christus, der uns geliebt hat.

Römer 8,37 NLB

Wenn es hart auf hart kommt, denken viele Menschen, man solle hart sein. Als sich aber drei feindliche Könige gegen König Joschafat verbündeten, fürchtete er sich so sehr, dass er nicht einmal versuchte, hart zu sein. Stattdessen rief er sein Volk zusammen und betete zu Gott:

Herr, hilf! Wir wissen nicht, was wir tun sollen! Aber unsere Augen sind auf dich gerichtet.

An diesem Tag hatte der Herr eine Botschaft für Joschafat: »Fürchte dich nicht. Das wird nicht euer Kampf sein. Der Kampf gehört dem Herrn.«

König Joschafat glaubte, was er gehört hatte, und marschierte gegen seine Feinde los. Er war zutiefst überzeugt, dass der Herr ihm den Sieg schenken würde. Deswegen schickte er nicht seine besten Soldaten voraus, sondern den Chor und die Musiker, um dem Herrn ein Loblied zu singen.

Sobald sie anfingen, über die Güte des Herrn zu singen, verwirrte der Herr die Feinde und brachte sie dazu, sich untereinander zu bekämpfen. Stell dir vor, wie der König und sein Volk gejubelt haben müssen! Der Kampf gehörte dem Herrn, aber der Sieg gehörte ihnen. Ihr Sieg war so groß, dass sie drei Tage brauchten, um alle auf dem Schlachtfeld zurückgelassenen Schätze aufzusammeln!

Mehr dazu in 2. Chronik 20,1-30.

Hey Jesuskind!

Wenn es mal hart auf hart kommt, musst du nicht so tun, als seist du besonders stark. Du brauchst aber auch nicht aufzugeben oder wegzulaufen. Glaube einfach an den Herrn, der für dich sorgt.

Falls es nicht gut aussieht für dich, tu das, was König Joschafat tat, und rufe zum Herrn: »Hilf mir! Ich weiß nicht, was ich tun soll!« Glaube daran, dass der Herr für dich kämpfen wird, wenn du ihn darum bittest.

Wenn du in der Schule vor einer schwierigen Herausforderung stehst, dann hab keine Angst. Dein Erfolg hängt nicht davon ab, wie gut du bist, sondern wie gut Jesus zu dir ist. Stell dich der Situation mit Zuversicht in deinem Herzen und mit Lob in deinem Mund. Du kannst beim Lernen erfolgreich sein, weil Jesus deine Kämpfe für dich austrägt!

Sprich zu ihm: »Herr Jesus, es ist nicht mein Kampf, sondern deiner.« Wie schon König Joschafat wirst auch du erleben, dass dein bester Freund dir hilft und dir beisteht.

Der Kampf gehört dem Herrn,
und der Sieg gehört dir.
Du bist ein Sieger
durch Jesus, der dich
so sehr liebt.

Gelobt sei Jesus!

TAG 11

PREISE IHN!

***Ich will den HERRN preisen allezeit,
sein Lob soll immerzu
in meinem Mund sein.***

Psalm 34,2

Es sah nicht besonders gut aus für Paulus und Silas. Sie waren zu Unrecht beschuldigt, geschlagen, verhaftet und in den innersten Teil des Gefängnisses geworfen worden. Sie waren in Ketten gelegt und ihre Füße in Holzblöcke gesperrt worden. Eine Flucht war unmöglich! Überall um sie herum stöhnten und ächzten die Gefangenen.

Ihre Lage war verzweifelt, aber Paulus und Silas waren keine verzweifelten Männer. Sie begannen, sogar unter Schmerzen und in Ketten, den Herrn zu preisen. Sie sangen unserem guten Gott Loblieder, obwohl nichts an ihrer Situation gut war.

In dieser Nacht, als jeder ihren Lobliedern zuhörte, erschütterte ein Erdbeben das Gefängnis. Sofort sprangen die Gefängnistüren auf und jedermanns Ketten fielen ab! Als Paulus und Silas den Herrn priesen, griff er mächtig ein, um sie zu retten. Was geschah, war so außergewöhnlich, dass der Gefängniswärter vor den beiden Männern zitternd auf die Knie fiel. In derselben Nacht hörten der Gefängniswärter und seine ganze Familie die rettende Botschaft Gottes, glaubten an unseren Herrn Jesus und ließen sich taufen.

Lies Apostelgeschichte 16,25-34 und finde selbst heraus, was in jener Nacht geschah.

Hey Jesuskind!

Es ist gut, unseren Gott zu preisen. Jedes Mal, wenn wir ihn mit unserem Mund loben, können wir sicher sein, dass er seine Macht für uns einsetzt. Wenn unser Lob erklingt, springen Türen auf, die uns den Weg versperren. Ketten, die uns zurückhalten, fallen ab. Gute Dinge passieren, wenn wir unseren guten Gott preisen.

Darum können wir sagen:

Ich will den Herrn preisen allezeit,
sein Lob soll immerzu in meinem Mund sein.

Wir loben ihn in guten Zeiten und in schlechten Zeiten. Wir loben ihn nicht deshalb, weil immer alles gut wäre, sondern weil wir uns sicher sind: ER IST GUT – und zwar immer!

Wenn du dich das nächste Mal in einer Situation befindest, die nicht besonders gut aussieht, dann tu, was Paulus und Silas taten. Schau nicht darauf, wie verzweifelt die Lage ist, sondern darauf, wie gut dein bester Freund Jesus ist. Anstatt zu jammern und zu klagen, sing einfach. Sing dein Lieblingslied und gib Jesus das ganze Lob!

Selbst an Tagen, an denen du scheinbar nichts Gutes zu sagen hast, kannst du Gott loben. Du kannst singen: »Jesus liebt mich, ganz gewiss.«

Lobe den Herrn allezeit. Lass sein Lob immerzu in deinem Mund sein. Preise ihn!

TAG 12

WER HÄTTE DAS GEDACHT?

»Denn ich weiß genau, welche Pläne ich für euch gefasst habe«, spricht der Herr. »Mein Plan ist, euch Heil zu geben und kein Leid. Ich gebe euch Zukunft und Hoffnung.«

Jeremia 29,11 NLB

Eines Tages kam der Prophet Samuel zu Isai und sagte: »Einer deiner Söhne wird von Gott auserwählt werden. Ich möchte deine Söhne kennenlernen.« Also rief Isai sieben seiner Söhne zu sich, damit sie Samuel treffen könnten.

Eliab war der älteste Sohn. Er war groß und gut aussehend. Samuel schaute Eliab an und dachte:

Aber Gott sagte zu Samuel:

Nein, du schaust auf das, was du von außen sehen kannst. Ich schaue auf das, was im Inneren ist. Eliab ist nicht der Richtige.

Einer nach dem anderen traten die Söhne Isais vor Samuel. Bei jedem von ihnen sagte Gott: »Nein, er nicht.« Nachdem alle sieben Söhne vor Samuel gestanden hatten, fragte Samuel Isai: »Sind das alle deine Söhne?« Erst da erinnerte sich Isai an seinen jüngsten Sohn und sagte:

Oh, warte, es gibt ja noch einen. Mein jüngster Sohn, David, ist draußen auf dem Feld. Aber er ist nur ein Hirtenjunge.

Stell dir vor, wie überrascht Isai und seine Söhne gewesen sein müssen, als David von Samuel mit Öl gesalbt wurde. Er war der Letzte, von dem sie erwartet hätten, dass Gott ihn auswählt. Vielleicht schauten sie ihn an und schüttelten ungläubig den Kopf. Wer hätte gedacht, dass Gott mit einem Hirtenjungen einen großen Plan hat?

Lies alles, was passierte, in 1. Samuel 16,1–13.

Hey Jesuskind!

Der Herr kannte dich schon, bevor du geboren wurdest, und er hat große Pläne für dich. Er sieht den Sieger, zu dem er dich gemacht hat, auch wenn es sonst noch niemand sieht.

Egal, was andere sehen oder zu dir sagen, wenn sie dich anschauen: Du musst nicht zulassen, dass sie deine Gefühle beeinflussen. Was wirklich zählt, ist das, was der Herr über dich sagt. Er kennt den großen Plan und die strahlende Zukunft, die er für dich hat! Er sagt das Folgende:

»Denn ich weiß genau, welche Pläne ich für euch gefasst habe«, spricht der Herr. »Mein Plan ist, euch Heil zu geben, und kein Leid. Ich gebe euch Zukunft und Hoffnung.«

Jeremia 29,11

Halte fest an diesem unerschütterlichen Versprechen. Wenn du einen harten Tag hast oder wenn die Dinge nicht so gut laufen, dann brauchst du dich nicht zu fragen, wie du es bloß schaffen sollst. Deine Zukunft ist gut!

Sage: »Jesus, ich danke dir, dass du einen guten Plan für mein Leben hast. Ich weiß zwar nicht, wie ich das durchstehen soll, aber ich danke dir, dass du es weißt. Ich vertraue dir!«

Dein bester Freund lächelt dich an und sagt:

Du darfst einfach abwarten und dich darauf freuen, was ich für dich vorbereitet habe! Deine Geschichte ist noch lange nicht zu Ende!

TAG 13

GEBORGEN IN SEINER LIEBE

»Ich sage dir, ihre Sünden – und es sind viele – sind ihr vergeben; also hat sie mir viel Liebe erwiesen. Ein Mensch jedoch, dem nur wenig vergeben wurde, zeigt nur wenig Liebe.«

Lukas 7,47 NLB

Es gab einmal eine Frau, die so viel Böses getan hatte, dass die Leute in der Stadt sie eine »Sünderin« nannten. Sie mochten sie nicht, und diese Frau sollte ihnen ja nicht zu nahe kommen. Eines Tages tat diese Frau etwas, das alle schockierte. Sie lud sich selbst in das Haus eines Pharisäers ein. Der Pharisäer war ein führendes Mitglied des Tempels und ein wichtiger Mann! Jeder runzelte die Stirn und murmelte:

Die Frau schaute nicht in die Gesichter, die sie finster anstarrten. Stattdessen richtete sie ihren Blick auf Jesus. Sie ging auf ihn zu, kniete nieder und weinte. Ihre Tränen fielen auf seine Füße und sie trocknete sie mit ihren Haaren. Erschrocken sahen die Leute zu, wie sie Jesus die Füße küsste und sie mit Parfüm übergoss. Als der Duft die Luft erfüllte, hielten die Menschen den Atem an. Was würde Jesus tun?

Was Jesus tat, schockierte die Menschen dann noch mehr. Er schimpfte nicht mit der Frau und stieß sie auch nicht weg. Stattdessen sagte er zu dem Pharisäer:

Ich sage dir, auch wenn ihre Sünden viele sind, sind sie doch alle vergeben.

Finde in Lukas 7,36–50 heraus, was Jesus sonst noch sagte.

Hey Jesuskind!

Warum hat Jesus allen gesagt, wie viel der Frau vergeben wurde? Tat er es nur, damit die Frau sich besser fühlte? Nein. Er tat es, damit sie sehen konnte, dass er sie liebte und annahm. Er vertrieb all ihre Scham und all ihren Schmerz und füllte ihr Herz mit Freude.

Das Blut von Jesus hat all unsere Sünden weggewaschen. Kein Fehler, kein Versagen oder schlechtes Verhalten unsererseits kann ihn dazu bringen, uns weniger zu lieben. Wenn wir das wissen, wollen wir dann weiterhin etwas Falsches tun? Natürlich nicht. Je mehr wir wissen, wie viel uns vergeben wurde, und je mehr wir seine Liebe zu uns sehen, umso mehr verlieben wir uns in Jesus. Das gibt uns die Kraft, die Dinge, von denen wir wissen, dass sie falsch sind, nicht mehr zu tun.

Wenn du das nächste Mal etwas tust,
das dir ein schlechtes Gewissen macht,
halte nicht an deiner Angst oder Scham fest.
Erzähl dem Herrn alles darüber und lass dich
von ihm mit seiner Liebe umarmen. Sprich dir
selbst diese kraftvolle Wahrheit zu:

Mir ist vollständig vergeben.
Danke, Jesus, dass du mich so sehr liebst.

In der Liebe gibt es keine Angst.
Seine vollkommene Liebe vertreibt
jede Furcht (1. Johannes 4,18). Sie macht
dich zum besten Menschen, der du
sein kannst.

Du bist in seiner Liebe geborgen!

TAG 14

ERKENNE SEINE LIEBE

Seht doch, wie sehr uns der Vater geliebt hat! Seine Liebe ist so groß, dass er uns seine Kinder nennt. Und wir sind es wirklich: Gottes Kinder!

1. Johannes 3,1 GNB

Der schmutzige junge Mann im Schweinestall hatte seit Tagen nichts mehr gegessen. Als er an diesem stinkenden Ort saß, sagte er zu sich selbst:

Der junge Mann wusste, dass er niemandem außer sich selbst die Schuld geben konnte. Er hatte das Geld der Familie genommen, war weggelaufen und hatte alles verprasst. Auf dem Heimweg machte er sich auf das Schlimmste gefasst. Was würde sein Vater sagen, wenn er sah, in welchem Schlamassel er steckte? Würde sein Vater sagen: »Geschieht dir recht, du böser, böser Sohn!«?

Was dann geschah, war nicht das, was der junge Mann erwartet hatte. Schon als er noch weit weg war, sah ihn sein Vater und rannte den ganzen Weg auf ihn zu – um ihn zu umarmen und zu küssen. Statt wütend zu sein, überschüttete ihn sein Vater mit Liebe. Er ließ ihm das beste Gewand bringen, einen Ring an seinen Finger stecken und Schuhe an seine Füße ziehen. Am selben Tag gab der Vater sogar eine Party, um die Rückkehr seines Sohnes zu feiern! Wow!

Diese Geschichte
vom verlorenen Sohn steht
in der Bibel. Schau sie dir
in Lukas 15,11-24 an.

Hey Jesuskind!

Auch wenn du einen Fehler gemacht hast oder etwas getan hast, worüber du nicht glücklich bist, musst du nicht im Schweinestall deiner Schuld und Angst sitzen. Mach dich auf und geh zu deinem himmlischen Papa. Wenn du einen Schritt auf ihn zu machst, rennt er den ganzen Weg auf dich zu. Selbst wenn du an dem Schlamassel schuld bist, wird Gott trotzdem zu dir eilen und dich mit seiner Liebe umarmen.

Wenn du diese unverdiente Liebe und Freundlichkeit verstehst, dann willst du nicht sagen: »Super! Jetzt kann ich tun, was ich will, denn egal, was ich tue, Gott wird mir immer helfen.« Wenn du erkennst, wie gut dein himmlischer Papa ist, dann wirst du das Richtige tun wollen.

Die gute Nachricht lautet: Dein dich liebender Gott wird dich nie aufgeben, egal, wie dumm du dich verhalten hast.

Dein himmlischer Papa lächelt dich heute an. Er sagt zu dir:

Komm zu mir, auch wenn du versagt hast. Ich bin für dich da.

TAG 15

MEHR ALS DU DIR VORSTELLEN KANNST

***Gott aber kann viel mehr tun,
als wir jemals von ihm erbitten oder
uns auch nur vorstellen können.
So groß ist seine Kraft, die in uns wirkt.***

Epheser 3,20 HFA

Was tust du, wenn nicht das passiert, was du dir wünschst, obwohl du dein Bestes gegeben hast? Bist du so enttäuscht, dass du am liebsten aufgeben würdest? Die gute Nachricht ist: Ein anfänglicher Misserfolg bedeutet nicht, dass deine Geschichte damit zu Ende ist!

Simon, der Fischer, muss sehr enttäuscht gewesen sein, als er an jenem Morgen seine Netze reinigte. Er hatte die ganze Nacht hart gearbeitet, aber nichts gefangen. Er würde keinen Fisch verkaufen und auch seiner Familie nichts mitbringen können.

Dann geschah etwas, das alles veränderte! Jesus begegnete Simon, stieg in sein Boot und sagte:

Fahre mit dem Boot aufs tiefe Wasser hinaus und wirf deine Netze zum Fang aus.

Simon wusste, dass es an diesem Tag keine Fische zu fangen gab. Dennoch gehorchte er und sagte:

Meister, wir haben die ganze Nacht hart gearbeitet und nichts gefangen. Aber weil du es sagst, werde ich die Netze auswerfen.

Es waren dieselben Fischer, dasselbe Boot und dieselben Netze wie zuvor, und doch waren die Ergebnisse dieses Mal nicht dieselben! Dieses Mal fing Simon so viele Fische, dass das Netz zu reißen begann. Als ein anderes Boot zur Hilfe kam, waren am Ende beide Boote so voll mit Fischen, dass sie zu sinken begannen!

Lies alles über Simons Netze zerreißenden, Boote versenkenden Fischfang in Lukas 5,1-9.

Hey Jesuskind!

Alleine hätte Simon einen wirklich schlechten Tag beim Fischen gehabt. Aber als Jesus in sein Boot stieg, erlebte Simon einen erstaunlich erfolgreichen Tag. Noch erstaunlicher ist, dass Simon mit Jesus mehr Fische fing, als er es überhaupt jemals für möglich gehalten hätte.

Wenn du das nächste Mal entmutigt bist, denke daran, was unser Herr Jesus an jenem Tag für Simon getan hat. Simon wäre schon mit einem guten Fang zufrieden gewesen, aber der Herr hatte etwas Besseres für ihn auf Lager. Er ist so gut, dass er dir immer mehr gibt als alles, was du erbitten oder dir vorstellen kannst!

Nimm dir heute Zeit, mit deinem besten Freund Jesus zu sprechen. Erzähl ihm von deinen Hoffnungen und Träumen und all den guten Dingen, die du dir für dein Leben wünschst. Du kannst zu ihm sagen:

Herr, ich weiß, dass du durch deine Kraft, die in mir wirkt, unendlich viel mehr tun kannst, als ich jemals erbitten oder mir vorstellen kann!

Bitte um Großes und stell dir Großes vor! Glaube, was immer du erbitten oder dir vorstellen kannst, er wird dir sicherlich VIEL MEHR geben als das!

TAG 16

KEINE SORGEN

Er, der sogar seinen eigenen Sohn nicht verschont hat, sondern ihn für uns alle dahingegeben hat, wie sollte er uns mit ihm nicht auch alles schenken?

Römer 8,32

Die Israeliten waren in der Wüste, und sie hatten Hunger. Sie wussten, dass es nichts zu essen gab, und sie hatten keine Ahnung, was sie tun sollten. Je mehr sie über ihr Problem nachdachten, desto größere Sorgen machten sie sich. »Es gibt kein Essen! Wir werden alle sterben!«, beschwerten sie sich.

Auf sich allein gestellt, wäre das Volk Israel wahrscheinlich verhungert – aber die gute Nachricht ist, dass sie nicht allein waren. Gott war mit ihnen und er gab ihnen Nahrung. Jeden Morgen fiel Brot vom Himmel. Und jeden Abend flogen Schwärme von Wachteln in das Lager, sodass die Menschen mit Fleisch versorgt wurden. Statt des befürchteten Unglücks erlebten die Menschen, wie gut Gott zu ihnen war, und freuten sich.

Eine Zeit lang waren die Israeliten dann glücklich und zufrieden. Als ihnen jedoch das Wasser ausging, fingen sie wieder an, sich Sorgen zu machen. Genau wie zuvor schauten die Menschen auf das, was sie nicht hatten und was sie nicht tun konnten. Je mehr sie sich sorgten, desto mehr fragten sie sich, ob der Herr sie versorgen würde. Sie waren sich sicher, dass sie am Ende waren!

Doch die Menschen irrten sich. In dieser unvorstellbar trockenen Wüste tat Gott das Unmögliche für sie. Mose schlug mit seinem Stab an den Felsen, und es sprudelte reines, erfrischendes Wasser heraus. An diesem Tag sah das Volk Israel, dass der Herr das Unmögliche tat und sie mit mehr als genug versorgte.

Lies die ganze Geschichte in 2. Mose 16,1–17,7.

Hey Jesuskind!

Wenn du dir das nächste Mal Sorgen machst, du könntest nicht genug haben, tu nicht, was das Volk Israel tat. Mach dir keine Sorgen um das, was du nicht hast. Schau stattdessen darauf, dass am Kreuz bereits alles für dich bereitgestellt wurde.

Weil dein himmlischer Papa dir mit Jesus schon das Beste gegeben hat, was der Himmel bietet, kannst du dir sicher sein, dass er dir auch alles andere schenken wird!

Denk noch einmal darüber nach. Wenn Gott dir Jesus gegeben hat, wird er dir dann nicht auch alles andere schenken, was du für ein gesegnetes Leben brauchst? Natürlich wird er das! Wenn heute Herausforderungen kommen, kannst du sicher sein, dass er dir alles gibt, was du brauchst, um diese Herausforderungen zu meistern. Du kannst sagen:

Danke, himmlischer Papa, dass du mir Jesus gegeben hast. Du hast mir dein Allerbestes gegeben. Ich weiß, dass du mir sicher auch alles andere schenken wirst.

TAG 17

ETWAS BESONDERES FÜR GOTT

… denn ihr seid ein auserwähltes Volk. Ihr seid eine königliche Priesterschaft, Gottes heiliges Volk, sein persönliches Eigentum. So seid ihr ein lebendiges Beispiel für die Güte Gottes, denn er hat euch aus der Finsternis in sein wunderbares Licht gerufen.

1. Petrus 2,9 NLB

Daniel, Schadrach, Meschach und Abed-Nego waren jüdische Jungen, die dazu ausgebildet wurden, dem König von Babylon zu dienen. Auch wenn sie weit weg von zu Hause waren, erinnerten sie sich immer daran, dass sie sich von allen abhoben, weil sie für Gott etwas Besonderes waren.

Als König Nebukadnezar eines Tages den Jungen befahl, die Speisen von seinem eigenen Tisch zu essen, standen die vier Freunde vor einem Problem. Als Gottes besonderes Volk wussten sie, dass sie zu ihrem eigenen Wohl bestimmte Lebensmittel nicht essen durften. Das Fleisch und die Gerichte, die der König ihnen zu essen geben wollte, waren genau diese Art von Lebensmitteln!

Daniel und seine Freunde wussten, dass sie Gottes besonderes Volk waren. Und deshalb beschlossen sie, Gott an erste Stelle zu setzen und das Essen des Königs abzulehnen. Das hätte sie damals ihr Leben kosten können! Doch Daniel bat für sich und seine Freunde mutig um die Erlaubnis, sich zehn Tage lang von den verbotenen Speisen fernzuhalten und stattdessen Gemüse zu essen und Wasser zu trinken. Gott schenkte Daniel die Gunst des obersten Hofbeamten, der seiner Bitte zustimmte.

Am Ende der zehn Tage tat Gott etwas Erstaunliches für die Jungen. Er ließ sie besser und gesünder aussehen als alle anderen, und so ließ der oberste Hofbeamte sie weitermachen.

Das war noch nicht alles, was Gott für Daniel und dessen Freunde tat. Er gab ihnen auch Weisheit, die über ihr Alter hinausging, und ließ sie sich von ihren Altersgenossen abheben. Nachdem drei Jahre der Ausbildung vergangen waren, wurden die vier Freunde getestet, und sie antworteten mit großem Verständnis. In allem fand der König sie zehn Mal weiser als alle Weisen Babylons.

Weil Daniel und seine Freunde wussten, dass sie für Gott etwas Besonderes waren, setzten sie ihn in allen Dingen an erste Stelle. Und Gott ließ alle erkennen, dass diese Jungen für ihn etwas Besonderes waren – indem er sie mit zusätzlicher Gesundheit, Weisheit und Gunst segnete!

Hey Jesuskind!

Wusstest du, dass du Gottes besonderes Kind bist und er dich sehr liebt? Weil du so besonders für ihn bist, kannst du dir sicher sein, dass er dich in allem, was du tust, segnen will – so wie er es für Daniel und seine Freunde tat.

Manchmal hat man das Gefühl, dass man, um beliebt oder erfolgreich zu sein, die Dinge tun sollte, die auch alle anderen tun. Vielleicht hast du das Gefühl, bestimmte Dinge tun zu müssen, von denen du weißt, dass sie falsch sind, oder bei denen du dich nicht wohlfühlst. Aber hey, das brauchst du nicht!

Als Gottes besonderes Kind kannst du ihn an erste Stelle setzen, indem du dich entscheidest, das Richtige zu tun. Und du kannst dir sicher sein: Er wird dir Gunst, Weisheit und alles Gute geben, was du brauchst, um im Leben erfolgreich zu sein – auch dann, wenn du nicht tust, was alle anderen tun.

Wenn andere Kinder sich über dich lustig machen, weil du nicht das Gleiche tust wie sie, musst du ihnen keine Beachtung schenken! Oder wenn sie wollen, dass du dir etwas ansiehst, das du nicht sehen solltest, sag einfach Nein. Das mag nicht immer leicht sein, aber du kannst es schaffen. Warum? Weil du für deinen himmlischen Papa etwas Besonderes bist. Du kannst darauf vertrauen, dass du Gunst und Erfolg haben wirst, wenn du ihn ehrst und ihn an erste Stelle setzt.

TAG 18

KOMM MUTIG

Darum lasst uns freimütig hinzutreten zu dem Thron der Gnade, auf dass wir Barmherzigkeit empfangen und Gnade finden und so Hilfe erfahren zur rechten Zeit.

Hebräer 4,16 LUT

Armer Prinz Mefi-Boschet. Er war der Enkel von König Saul, aber er führte kein sehr prinzliches Leben. Als er fünf Jahre alt war, hörte er die Diener des Palastes schreien: »König Saul ist tot! Sein Feind David kommt, um uns zu holen! Lauft um euer Leben!« In der Panik, zu entkommen, ließ ihn sein Kindermädchen fallen. Dadurch wurde der junge Prinz an beiden Füßen gelähmt.

Anstatt im königlichen Palast zu wohnen, wurde Mefi-Boschet weit weg in die Stadt Lo-Dabar gebracht, wo er versteckt werden sollte. Dort wuchs der gelähmte Prinz auf, immer in Angst vor dem Tag, an dem König David ihn finden würde.

Schließlich war dieser Tag gekommen! Mefi-Boschet zitterte vor dem König und erwartete das Schlimmste. Von allen Dingen, die er von David erwartete, hätte er nicht damit gerechnet, dass dieser Folgendes sagen würde:

Zum ersten Mal hörte Mefi-Boschet die Wahrheit. Sein Großvater Saul hatte David gehasst, aber David und sein Vater Jonathan waren beste Freunde gewesen! David hatte versprochen, immer gut zu Jonathans Familie zu sein. Wegen Jonathan liebte David Mefi-Boschet wie seinen eigenen Sohn!

An diesem Tag wurde Mefi-Boschet alles, was verloren gegangen war, zurückgegeben. »Iss immer an meinem Tisch!«, verkündete der König. Von diesem Tag an wusste Mefi-Boschet, dass er sich jederzeit mit allem, was er brauchte, an den König wenden konnte!

Lies 2. Samuel 9,1-13, um mehr zu erfahren!

Hey Jesuskind!

Davids Freundlichkeit gegenüber Mefi-Boschet ist ein Bild dafür, wie freundlich Gott heute zu dir ist. Er sagt zu dir: »Ich werde GANZ GEWISS freundlich zu dir sein! Du darfst immer an meinem Tisch essen!«

Du kannst dich mutig an deinen himmlischer Papa wenden und um große Dinge bitten, weil du immer willkommen und geliebt bist.

An dieser Wahrheit halte fest, wenn es dir schlecht geht. Gibt es etwas, das du immer wieder falsch machst? Lass dich davon nicht aufhalten. Du kannst Gott von der schlechten Laune oder schlechten Angewohnheit erzählen, die du nicht ablegen kannst. Vielleicht fühlst du dich immer wieder unsicher, oder dir gefällt dein Aussehen nicht. Was auch immer es ist, du kannst sagen: »Ich komme zu dir. Zeig mir heute, wie freundlich du mir gesinnt bist!«

Es gibt nichts, was dein himmlischer Papa nicht für dich tun kann. Je hilfloser du dich fühlst, desto mehr kannst du dich auf seine Liebe, Güte und Freundlichkeit dir gegenüber verlassen.

Du darfst sicher wissen, dass du heute einen besonderen Platz an seinem Tisch hast. Setz dich einfach hin und nimm all das Gute an, das er für dich vorbereitet hat!

TAG 19

VON INNEN HERAUS

Wir lieben, weil er uns zuerst geliebt hat.

1. Johannes 4,19 ELB

Zachäus war nicht sehr beliebt.
Niemand wollte sein Freund sein.
Er war ein unehrlicher Steuereintreiber, der sehr reich geworden war, indem er viele Menschen betrogen hatte.

Eines Tages kam Jesus in die Stadt. Zachäus wollte Jesus sehen, aber er war zu klein, um über die Menge hinwegschauen zu können.

Da ihn niemand mochte, ließ man den kleinen Mann nicht durch. Vielleicht versperrte man ihm sogar absichtlich den Weg. Also tat Zachäus das Nächstbeste. Er rannte die Straße hinunter und kletterte auf einen Baum.

Alles, was Zachäus wollte, war Jesus zu sehen. Und weißt du was? Jesus wollte Zachäus auch sehen! Mit funkelnden Augen und einem Lächeln auf seinem liebevollen Gesicht schaute Jesus genau zu diesem Baum hinauf und rief so laut, dass alle es hören konnten:

Zachäus! Schnell, komm herunter! Ich muss heute in deinem Haus zu Gast sein!

Mit großer Freude und Aufregung führte Zachäus Jesus zu seinem Haus. Schon als noch niemand Zachäus mochte oder gar in seiner Nähe sein wollte, war der Herr Jesus gekommen, um sein Freund zu sein.

An diesem Tag geschah etwas Erstaunliches. Zachäus wurde freundlich und großzügig wie Jesus. Der unehrliche Mann, der andere betrogen hatte, um selbst reich zu werden, stand auf und sagte: »Sieh, Herr. Ich gebe die Hälfte von dem, was ich besitze, den Armen. Und wenn ich jemanden betrogen habe, werde ich das Vierfache von dem zurückgeben, was ich genommen habe!«

Entdecke mehr über Zachäus in Lukas 19,1–10.

Hey Jesuskind!

Als niemand Zachäus mochte, als niemand sein Freund sein wollte, freundete sich der Herr mit ihm an. Diese erstaunliche Liebe und Freundschaft veränderte Zachäus von innen heraus. Sie ließ all seine Gier und Unehrlichkeit verschwinden und machte ihn freundlich und großzügig wie Jesus.

Was mit Zachäus geschah, passiert auch heute noch – und zwar mit uns. Wenn wir erkennen, dass Jesus alles über uns weiß und trotzdem unser bester Freund sein will, lernen wir, so zu lieben wie er. Seine Liebe lässt all unsere Schüchternheit und Unfreundlichkeit wegschmelzen. Sie nimmt uns die Gemeinheit und Selbstsucht weg, die wir manchmal noch in unserem Herzen tragen, und macht uns stattdessen freundlich und großzügig wie Jesus.

Wenn seine Liebe in unserem Herzen aufsteigt, werden wir von innen heraus verändert. Wir werden liebenswert – wie unser ganz und gar liebenswerter Jesus. Dann fällt es uns leicht, andere zu lieben.

Warum?

Weil er uns zuerst geliebt hat!

TAG 20

EINE BESONDERE BEHANDLUNG

Denn du, HERR, segnest den Gerechten; du umgibst ihn mit Gnade wie mit einem Schild.

Psalm 5,13

Es herrschte Hungersnot im Land und die Menschen waren besorgt. Die Flüsse und Seen waren leer, und ihre Felder waren trocken und staubig. Wo sie auch hinsahen, es gab kein Wasser, keine Nahrung und keine Hoffnung.

Überall war das so,
nur nicht dort,
wo Isaak lebte.

Auch Isaak befand sich im Land der Hungersnot – genau wie die anderen. Und doch war er ganz und gar nicht wie die anderen. Was sie pflanzten, ging ein, während Isaak hundertmal mehr erntete, als er gesät hatte. Anstatt wie alle anderen zu leiden, ging es Isaak so richtig gut, und er wurde ein sehr reicher Mann.

Isaak war so erfolgreich, dass der König des Landes ihn »der Gesegnete des Herrn« (1. Mose 26,29) nannte. Der König hatte recht. Der Herr behandelte Isaak nämlich ganz anders und ganz besonders.
Ganz gleich, wie schlecht es allen anderen erging: Der Herr sorgte dafür, dass Isaak überreich gesegnet, höchst begünstigt und innig geliebt war.

Isaak war zu gesegnet, um gestresst zu sein. Als eifersüchtige Nachbarn ihm die Brunnen wegnahmen, grub Isaak einfach weitere Brunnen. Das Erstaunliche ist, dass Isaaks Diener jedes Mal, wenn sie in diesem unvorstellbar trockenen Land einen Brunnen gruben, Wasser fanden. Der Herr war ganz eindeutig mit Isaak und schenkte ihm guten Erfolg!

Möchtest du wissen, was sonst noch passiert ist? Lies 1. Mose 26,12–29.

Hey Jesuskind!

Die besondere Behandlung, die Isaak genoss, kannst auch du heute erfahren. Genau wie Isaak bist du zu gesegnet, um gestresst zu sein. Du hast Jesus, deinen besten Freund. Er liebt dich so sehr, dass du für ihn etwas ganz Besonderes bist, und nicht nur einer oder eine unter vielen. Egal, wo du bist oder in welcher Situation du dich befindest, das Licht seiner Liebe ist immer auf dir. Selbst in einer schwierigen Lage wird der Herr dich segnen und beschützen.

Für viele Menschen ist es normal, dass sie sich in schwierigen Situationen Sorgen machen und das Schlimmste befürchten. Die gute Nachricht ist, dass du anders bist. Du genießt Gottes besondere Behandlung. Er schenkt dir seine Hilfe und segnet alles, was du tust.

Wenn du dir das nächste Mal über Dinge Sorgen machst, die du nicht hast oder nicht kannst, denke daran: So wie der Herr Isaak mit seiner Gunst beschenkte und ihm alles gelingen ließ, wird er das gewiss auch für dich tun. Du kannst sagen:

Ich bin überreich gesegnet, höchst begünstigt und innig geliebt.

Seine Gunst umgibt mich wie ein Schild!

Sag es und glaube es.
Sag es und freue dich auf das, was er ganz gewiss für dich tun wird!

TAG 21

ALLE GUTEN DINGE

Und Rut, die Moabiterin, sagte zu Noomi: Ich möchte gern aufs Feld gehen und etwas von den Ähren mit auflesen hinter dem her, in dessen Augen ich Gunst finden werde. Sie sagte zu ihr: Geh hin, meine Tochter!

Rut 2,2 ELB

Rut war eine Person, die nichts besaß. Ihr Ehemann war gestorben und hatte sie ohne Geld zurückgelassen. Als ihre Schwiegermutter Noomi beschloss, in ihr Heimatland zurückzukehren, folgte Rut ihr. In Bethlehem hatte Rut kein Zuhause und keine Freunde. Sie hatte keine Arbeit und keine Hoffnung, jemals wieder zu heiraten. Es schien, als hätte sie keine Zukunft.

Rut hätte ein trauriges Leben führen können, aber sie vertraute auf den Herrn und bat um Gunst. Die Gunst des Herrn brachte Rut zur richtigen Zeit an den richtigen Ort. Von allen Orten in Bethlehem ging Rut ausgerechnet zu dem Feld, das Boas gehörte. Er behandelte sie auf besondere Weise und war sehr freundlich zu ihr. Und nicht nur das, Boas war auch einer der reichsten Männer in Bethlehem!

Ist die Gunst des Herrn nicht erstaunlich? Sie führte dazu, dass eine Frau, die mit nichts angefangen hatte, alles Gute bekam. Boas verliebte sich so sehr in Rut, dass er sie heiratete. Als Frau des reichsten und freundlichsten Mannes der Stadt hatte Rut nun alles, was sie brauchte – und noch vieles mehr. Der Herr begünstigte Rut und Boas so sehr, dass sie schließlich die Urgroßeltern von König David wurden! Wow.

Lies selbst die ganze Geschichte in Rut 1–4.

Hey Jesuskind!

Du bist so wertvoll für den Herrn Jesus. Als dein bester Freund ist er immer bei dir und tut dir Gutes. Egal, in welcher Situation du bist, du kannst immer auf ihn zählen.

Gibt es etwas, das du heute nicht allein schaffst? Schau nicht auf dich selbst, denn das wird dich nur entmutigen. Schau stattdessen auf den Herrn – denn das wird dir Mut geben! Ein Tropfen seiner Gunst kann dich zur richtigen Zeit an den richtigen Ort bringen, um dort alle Hilfe zu erhalten, die du brauchst.

Jeden Morgen, wenn du dich auf den Tag vorbereitest, sprich mit Jesus – so wie Rut es getan hat. Bitte ihn, dass er dir Gunst schenkt bei deiner Familie und deinen Freunden. Bitte ihn um Gunst bei deinen Lehrern und bei den Menschen, die du triffst. Der Herr liebt dich und kann dir selbst dann Gutes schenken, wenn es um dich herum gerade nicht so gut aussieht – so wie er es bei Rut getan hat!

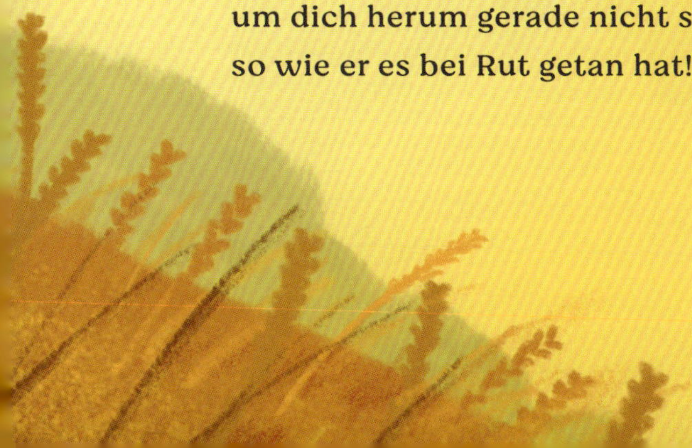

TAG 22

GRÖSSER ALS DIE RIESEN

Seid nur nicht widerspenstig gegen den HERRN und fürchtet euch nicht vor dem Volk dieses Landes; denn wir werden sie verschlingen wie Brot. Ihr Schutz ist von ihnen gewichen, mit uns aber ist der HERR; fürchtet euch nicht vor ihnen!

4. Mose 14,9

Wie nennst du jemanden, der um ein Vielfaches größer, kräftiger und stärker ist als du? Einen Riesen! Und was tust du, wenn dieser große, furchterregende Riese auf dich zukommt? Wegrennen!

Zehn von zwölf Kundschaftern, die ausgesandt wurden, um das von Gott verheißene Land zu erkunden, gaben die gleiche Antwort, nachdem sie die Riesen im Land gesehen hatten.
Als sie zurückkehrten, riefen sie:
»Die Riesen sind größer und stärker als wir. Sie werden uns zerquetschen!«
Die zehn Kundschafter verglichen sich selbst mit den Riesen und fühlten sich klein und schwach wie Heuschrecken.

Aber was ist mit den zwei anderen Kundschaftern? Josua und Kaleb verglichen die Riesen mit dem Herrn und erkannten, dass diese Riesen für sie wie Brot waren, das sie essen konnten. Sie ermutigten das Volk:

Habt keine Angst,
der Herr ist mit uns.

Die Riesen sind
wie Brot für uns.

Zwischen Josua und Kaleb und den zehn anderen Kundschaftern gab es also einen entscheidenden Unterschied: Josua und Kaleb sahen, wie groß und mächtig ihr Gott war. Kein Riese würde sie wie Heuschrecken zerquetschen! Mit Gott an ihrer Seite würde es doch ein Kinderspiel sein, den Feind zu besiegen.

Ja, die Riesen sind groß. Aber unser Gott ist größer!

Finde heraus, was die zwölf Kundschafter noch sahen. Lies 4. Mose 13,1–14,10.

Hey Jesuskind!

Weißt du, dass es auch heute noch »Riesen« gibt, die uns anknurren? Diese Riesen bestehen in Herausforderungen, die so groß sind, dass du denkst: »Oh nein, das schaffe ich nicht!«

Wenn die Riesen »knurren«, erinnere dich daran, dass Jesus immer größer ist als sie. Er wird dir die Kraft geben, jedes Problem und jede Situation zu überwinden und zu besiegen.

Vielleicht hast du Angst vor der Dunkelheit oder träumst nachts schlecht. Dann denk daran, dass der Herr mit dir ist. Er ist größer als jede Angst. Sprich zu deiner Angst: »Mit mir kannst du dich nicht anlegen. Mein Jesus ist größer als du.« Flüstere mitten in einem schlechten Traum den Namen »Jesus!« – und selbst der schlimmste Albtraum verschwindet.

Vielleicht ist dein Riese auch eine schlechte Angewohnheit, die du nicht ablegen kannst. Konzentriere dich nicht darauf, wie kraftlos du dich fühlst, und lass dich nicht entmutigen. Sag ganz einfach: »Ich kann diese Angewohnheit nicht ablegen, aber du, Jesus, hast sie bereits am Kreuz besiegt. Danke, dass du mir den Sieg gegeben hast.« Je mehr du siehst, dass dein wunderbarer Jesus größer ist als die Riesen, desto kleiner werden die Riesen.

Jesus ist dein bester Freund. Kein »Riese« kann es mit dir aufnehmen, wenn du weißt, dass Jesus bei dir ist. Du kannst dir ganz sicher sein: Er ist größer als jeder Riese!

TAG 23

SICHER UND GEBORGEN

Ich sage zu dem HERRN:
Meine Zuflucht und meine Burg,
mein Gott, ich vertraue auf ihn!

Psalm 91,2 ELB

Stell dir ein Gewitter vor. Der Regen ist so stark, dass du nicht klar sehen kannst, was vor dir ist. Der Wind heult und der Donner ist so laut, dass du ihn in deinen Knochen spürst. Alles ist dunkel, außer wenn die Blitze zucken. Der Sturm ist so heftig, dass man sich einfach klein fühlt und Angst hat.

Aber du bist nicht draußen. Du bist in deinem Zuhause. Ganz gleich, wie schlimm der Sturm wird, er kann dir nichts anhaben. Selbst wenn er gegen die Fenster schlägt, bist du sicher und geschützt vor Wind und Regen!

Der Herr wünscht sich für dich, dass du dich immer beschützt und sicher fühlst – egal, wo du bist oder was um dich herum geschieht. In Psalm 91 heißt es, dass du im Schutz des allerhöchsten Gottes lebst. Wenn Gefahr droht, nimmt er dich in den Arm, wie eine Vogelmutter ihre Küken unter ihre Flügel nimmt. Unter seinen mächtigen Flügeln gibt es nichts zu befürchten.

In Psalm 91 heißt es weiter:

Du brauchst dich nicht zu fürchten
vor dem Schrecken der Nacht,
vor dem Pfeil, der am Tag fliegt,
vor der Pest, die im Finstern schleicht,
und vor dem Verderben, das am Mittag wütet.

Es mögen tausend zu deiner Seite fallen,
und zehntausend zu deiner Rechten,
aber es wird nicht an dich herankommen.

Egal, was passiert, du bist sicher. Nichts Böses, keine Krankheit und kein Unglück darf diejenigen treffen, die Gott vertrauen.

Er antwortet, wenn du rufst, und kommt zu dir, wenn du in Not bist. Und was sogar noch besser ist: Psalm 91 endet mit der herrlichen Zusage, dass dein himmlischer Papa dir ein gesegnetes Leben schenken wird, das gefüllt ist von Jesus!

Um die Zusagen des Schutzes zu entdecken, die Gott für dich hat, lies Psalm 91.

Hey Jesuskind!

Du kannst dich darauf verlassen, dass dein himmlischer Papa dich vor jedem möglichen Schaden und jeder Gefahr beschützt. Niemand kann dich so gut beschützen wie er.

Weißt du, wie du all diese wunderbaren Zusagen aus Psalm 91 in Anspruch nehmen kannst? Lies sie einfach laut vor und sag: »Amen!« Noch besser ist es, die Verse auswendig zu lernen. Denn auf diese Weise kannst du Gottes Versprechen sicher in deinem Herzen bewahren und sie laut aussprechen, wenn du Angst hast.

Wenn du das nächste Mal eine schlechte Nachricht siehst oder hörst, kannst du sagen:

Du bist meine Zuflucht und meine Burg, mein Gott, auf den ich vertraue!

Sage es und glaube es. Du kannst dich darauf verlassen, dass dein himmlischer Papa dich in seiner großen Liebe sicher und geborgen hält.

TAG 24

VOLLSTÄNDIG BEZAHLT

Denn er hat den, der
von keiner Sünde wusste,
für uns zur Sünde gemacht,
damit wir in ihm zur
Gerechtigkeit Gottes würden.

2. Korinther 5,21

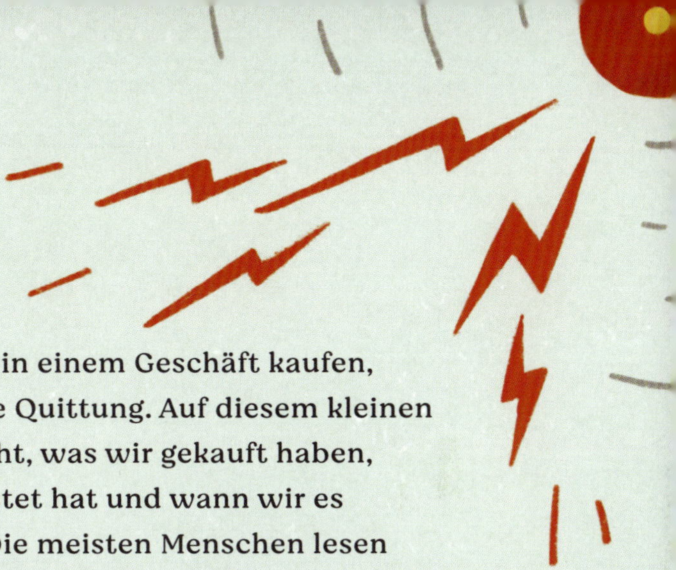

Wenn wir etwas in einem Geschäft kaufen, erhalten wir eine Quittung. Auf diesem kleinen Stück Papier steht, was wir gekauft haben, wie viel es gekostet hat und wann wir es bezahlt haben. Die meisten Menschen lesen ihre Quittungen nicht, und manche Menschen werfen sie sogar sofort weg, nachdem sie sie erhalten haben.

Sind Quittungen wichtig? Nun, wenn der Alarm auslöst, sobald du das Geschäft verlässt, wirst du froh sein, dass du die Quittung behalten hast. Sie beweist nämlich, dass du alles bezahlt hast. Wenn du deine Quittung vorzeigst, kannst du nicht des Diebstahls beschuldigt werden. Dann brauchst du dich nicht schuldig zu fühlen, selbst wenn der Wachmann dich anschreit.

Als der erste Mensch (Adam) Gott ungehorsam war, fühlte er sich schuldig und schämte sich. Als Adam es vermasselte, wurde auch für uns alles vermasselt. Seit diesem Tag fühlen wir uns jedes Mal, wenn wir etwas falsch machen oder versagen, schuldig und schämen uns. Diese Schuld- und Schamgefühle sind vergleichbar mit dem Gefühl, das wir haben, wenn ein Wachmann uns anschreit oder wir den Alarm in einem Geschäft auslösen!

Die gute Nachricht aber ist: Am Kreuz tat unser Herr und bester Freund etwas ganz Besonderes für uns. Er zahlte den Preis für unsere Sünden und unser falsches Handeln und gab uns die beste »Quittung« aller Zeiten. Wie eine normale Quittung zeigt sie uns, dass die Zahlung bereits erfolgt ist. Was Jesus an jenem Tag tat, war größer als das, was Adam getan hatte. Er nahm dadurch all unsere Sünde, Schuld und Schande weg. Heute überreicht Jesus uns eine »Quittung«, auf der steht: »VOLLSTÄNDIG BEZAHLT«.

Bewahre also deine »Quittung« auf. Lerne 2. Korinther 5,21 auswendig.

Hey Jesuskind!

Wenn wir etwas falsch machen, fühlen wir uns schnell schuldig und schämen uns. Schuld und Scham führen allerdings nicht dazu, dass wir zu Gott hinlaufen und ihn um Hilfe bitten. Nein, stattdessen laufen wir vor ihm weg und verstecken uns vor ihm. Schuld und Scham machen uns Angst vor Gott und hindern uns daran, zu erkennen, wie gütig er ist und dass er uns bereits alle unsere Sünden vergeben hat. Denn aus diesem Grund hat Gott seinen Sohn Jesus ja überhaupt gesandt – um all unsere Schuld und Scham auszulöschen!

Wenn du weißt, dass es nichts gibt, was dich von einem guten Gott fernhält, dann kannst du mutig zu ihm kommen und ihn um Hilfe bitten, auch wenn du versagt hast. Zu wissen, wie sehr du von ihm geliebt bist und dass er dir vergibt, gibt dir die Kraft, dich zum Besseren zu verändern und das Richtige zu tun.

Schließlich will niemand von uns ständig sündigen (zum Beispiel stehlen, lügen oder andere verletzen). Sünde zerstört das Gute in unserem Leben! Wenn wir etwas so richtig vermasselt haben, müssen wir uns daran erinnern: Uns wurde vergeben! Dann fällt es leichter, sich wieder aufzurappeln und weiterzumachen.

Wenn du also das nächste Mal versagst und alles in dir und um dich herum schreit: »Du bist ein Versager!«, dann lass dich nicht von Schuldgefühlen und Scham tyrannisieren.
Erinnere dich daran,
dass Jesus dich
so sehr liebt,
dass er am Kreuz
den Preis für
deine vollständige
Vergebung bezahlt hat.

TAG 25

DAS WICHTIGSTE ZUERST

Eins aber ist nötig.
Maria aber hat das gute Teil erwählt,
das nicht von ihr genommen werden wird.

Lukas 10,42 ELB

Martha und ihre Schwester waren gut mit Jesus befreundet. Als Jesus in die Stadt kam, lud Martha ihn und seine Jünger in ihr Haus ein. Sobald sie ihre Einladung angenommen hatten, wusste Martha, dass sie nun einiges zu tun hatte.

Noch bevor alles fertig war, kamen Jesus und seine Jünger an. Martha arbeitete weiter, aber Maria setzte sich zu Jesu Füßen und hörte ihm zu. Je länger Maria dasaß, desto ärgerlicher wurde Martha. Frustriert rief sie:

Zu Marthas Überraschung sagte Jesus zu ihr:

An diesem Tag lernte Martha etwas, das ihre Schwester bereits wusste. Maria verstand es, das Wichtigste zuerst zu tun. Sie wusste, was Jesus wirklich wichtig war, und tat das zuerst, was ihm am meisten gefiel. Der Herr, der Tausende mit fünf Broten und zwei Fischen speisen konnte, war nicht einfach nur da, um ein Mittagessen zu bekommen. Er war da, um ihnen zu dienen und ihr Freund zu sein.

Lies die ganze Geschichte in Lukas 10,38-42.

Hey Jesuskind!

Wusstest du, dass du dich allein schon deshalb, weil du dies alles liest, auch dafür entscheidest, die »eine Sache« zu tun, von der Jesus gesprochen hat? Genau wie Maria nimmst du dir Zeit, um deinen besten Freund besser kennenzulernen.

Gute Dinge passieren immer, wenn wir Zeit mit Jesus verbringen. Bedeutet das, dass wir alles andere stehen und liegen lassen? Nein, natürlich nicht! Schule ist wichtig, und Hausaufgaben sind es auch. Ein Jesuskind ist nicht faul – ein Jesuskind weiß einfach, wann und wie es das Wichtigste an erste Stelle setzt. Die gute Nachricht ist: Wenn du die »eine Sache« tust, gibt der Herr dir die Weisheit und die Kraft, alle anderen Dinge zu tun, die du tun musst.

Die Zeit, die man mit Jesus verbringt, ist nie vergeudet. Wenn du Zeit damit verbringst, ihn besser kennenzulernen, wirst du deswegen nie »zu wenig Zeit« haben – denn er gibt dir immer so viel mehr zurück! Wenn wir denken, dass wir zu beschäftigt sind, um mit ihm zusammen zu sein, verschwenden wir die meiste Zeit damit, uns wegen jeder Kleinigkeit zu sorgen und aufzuregen.

Setze also das Wichtigste an die erste Stelle, und tue die »eine Sache«, die Jesus am meisten Freude bereitet. Wenn du das machst, wirst du erstaunt sein, was er für dich tun wird!

TAG 26

KEIN LÖWEN-MITTAGESSEN!

»Dein Gott, dem du beständig dienst, wird dich befreien.«

Daniel 6,17 KJV

Warst du schon mal in einer Situation, in der du den Eindruck hattest, dass man auf dir herumhackt? Wenn die Antwort »ja« lautet, bist du nicht allein. So erging es auch einem Mann Gottes in der Bibel, der Daniel hieß.

Daniel vertraute auf den Herrn und war ein sehr weiser und erfolgreicher Mann. Er diente verschiedenen Königen und war hervorragend in allem, was er tat. Das machte die anderen Männer am Hof des Königs eifersüchtig. Sie hassten es, dass Daniel vom König immer am meisten gemocht wurde, und sie suchten nach Möglichkeiten, Daniel in Schwierigkeiten zu bringen. Das Problem dabei war, dass sie Daniel nicht dabei erwischen konnten, wie er etwas falsch machte!

Schließlich schmiedeten sie einen bösen Plan. Die eifersüchtigen Männer brachten den König dazu, ein neues Gesetz zu erlassen. Dieses Gesetz zwang jeden dazu, dreißig Tage lang zum König zu beten – und zwar nur zum König. Jeder, der dieses Gesetz nicht befolgte, würde in die Löwengrube geworfen werden!

Die bösen Männer wussten, dass Daniel sich nicht an dieses Gesetz halten würde – und sie behielten recht. Als sie sahen, wie Daniel an seinem Fenster zu Gott betete, ließen sie Daniel vom König in die Löwengrube werfen. Niemand konnte Daniel retten, nicht einmal der König selbst. Die einzige Hilfe, die der König Daniel geben konnte, bestand darin, ihm zu sagen: »Dein Gott, dem du beständig dienst, wird dich befreien!«

Der König hatte absolut recht. Als er am nächsten Morgen nachschaute, fand er Daniel lebendig und gesund vor. Unser himmlische Papa hatte Daniel beschützt und es den hungrigen Löwen nicht erlaubt, ihm auch nur einen einzigen Kratzer zuzufügen!

Um herauszufinden, was in der Löwengrube geschah, lies Daniel 6,1-24.

Hey Jesuskind!

Selbst wenn die Menschen um dich herum unfreundlich oder gemein zu dir sind, will der Herr dich wissen lassen: Er ist auf deiner Seite und er ist bei dir, um dich zu beschützen. Hab keine Angst vor ihnen oder davor, dass sie dir etwas zuleide tun könnten. Genau wie Daniel kannst du Jesus vertrauen, dass er dich beschützt!

Erinnere dich daran, was der König zu Daniel sagte:

Dein Gott, dem du beständig dienst, wird dich befreien.

Nimm dir Zeit, um mit Jesus, deinem besten Freund zu sprechen. Er wird dir zeigen, was du tun sollst, wann du es tun sollst, wem du es sagen sollst, und sogar, was du sagen sollst. Außerdem hat er Menschen in dein Leben gestellt (wie zum Beispiel deine Eltern und deine Lehrer), die dir helfen! Auch sie kümmern sich um dich. Also sprich mit ihnen!

TAG 27

TAPFER

Da erschien ihm der Engel des HERRN und sprach zu ihm: Der HERR ist mit dir, du tapferer Held!

Richter 6,12

Wenn wir an einen tapferen Mann denken, denken wir an jemanden, der mutig und stark ist, der aufsteht und kämpft. Wir denken nicht an jemanden wie Gideon, der sich vor dem Feind versteckte.

Gideon lebte in einer Zeit, in der das Volk Gottes von den furchterregenden Midianitern angegriffen wurde. Er hatte solche Angst, dass er Weizen in einer Weinpresse drosch, um sich vor ihnen zu verstecken.

Als der Engel des Herrn zu Gideon kam und sagte: »Der Herr ist mit dir, du tapferer Held!«, war Gideon schockiert. Er sah sich selbst als den Kleinsten und Schwächsten von allen. Wie konnte er ein Held sein, wenn er sich doch so sehr wie eine Null vorkam?

Die Antwort des Herrn war einfach.
Er sagte zu Gideon:

Geh mit der Kraft, die du hast, und rette Israel vor den Midianitern. Habe ich dich nicht gesandt? Ich werde mit dir sein, und du wirst den Feind besiegen.

Als Gideon sich selbst betrachtete und er sich schwach fühlte und nervös war, zeigte ihm der Herr, wie er tapfer und kühn sein konnte. Er brauchte nicht allein zu kämpfen. Der Herr war mit ihm und würde ihm ganz gewiss die Kraft geben, alle seine Feinde zu besiegen!

Und weißt du was? Genau das passierte auch.

Lies alles über Gideons aufregende Abenteuer in Richter 6,1–7,25.

Hey Jesuskind!

Jesus, dein bester Freund, ist immer bei dir, und er nennt dich tapfer!

Wenn du dich jetzt fragst: »Wer, ich?«, dann erinnere dich an Gideon. Er war nicht der Größte oder der Stärkste. Er war nicht der Klügste oder gar der Mutigste, aber weil der Herr mit ihm war, konnte Gideon den Mut aufbringen, sich seinen Feinden zu stellen.

Wie Gideon kannst auch du mutig sein, selbst wenn du dich kraftlos fühlst. Weil deine Stärke vom Herrn kommt, musst du dir keine Sorgen machen und dich nicht fragen, ob du das Zeug dazu hast, tapfer zu sein. Du musst nicht wie Gideon protestieren und dem Herrn alle Gründe nennen, warum du nicht der Champion sein kannst, für den er dich hält.

Als dein bester Freund ist Jesus immer bei dir – da kannst du sicher sein. Das bedeutet, dass du in deinem Leben mehr als nur zurechtkommen wirst. Du bist ein Champion, weil der größte Champion von allen, unser Herr Jesus, bei dir ist!

Wenn du das nächste Mal vor einer Herausforderung stehst, bei der du nervös bist und dich schwach fühlst, schau von dir selbst weg. Schau stattdessen zum Herrn und sage:

Ich kann alles tun durch Jesus, der mich stärkt!

Der Herr ist mit dir, und du bist ein tapferes Jesuskind!

TAG 28

SEGNE MICH REICHLICH!

Und Jabez rief zu dem Gott Israels und sprach: O dass du mich reichlich segnen … wolltest …

1. Chronik 4,10

Es war einmal ein Mann, der einen schweren Start ins Leben hatte. Bei seiner Geburt litt seine Mutter so sehr, dass sie ihn Jabez nannte, was »Kummer« oder »Schmerz« bedeutet. Stell dir vor, du wächst mit einem solchen Namen auf. »Hey, Schmerz, wirf den Ball!«, riefen die Jungs. »Iss dein Gemüse, Kummer«, sagte seine Mutter traurig. Armer Jabez.

Jabez hätte seine Probleme leicht darauf schieben können, wie ungerecht sein Leben doch war. Doch Jabez nahm den Kummer und den Schmerz, die mit seinem Namen verbunden waren, nicht einfach an. Stattdessen ergriff Jabez Maßnahmen, um seine Situation zum Besseren zu wenden. Er rief zum Herrn und sagte:

An diesem Tag bat Jabez den Herrn um alles Gute. Er bat um viel Segen, um Wohlstand und um Schutz. Er bat Gott sogar darum, den Schmerz zu beseitigen, der mit seinem Namen verbunden war!

War der Herr verärgert, dass Jabez so viel für sich selbst erbat? Nein! Er war über Jabez' mutiges Gebet so erfreut, dass er Jabez' Bitte erfüllte und ihn sogar »ehrenwerter als seine Brüder« nannte (1. Chronik 4,9).

Als Jabez den Herrn bat, ihn zu segnen, wendete der Herr seinen schlechten Start und machte ihn am Ende zu einem Sieger!

Lies
1. Chronik 4,9–10.

Hey Jesuskind!

So wie deine Eltern dich lieben und für dich sorgen wollen, will auch Gott für dich sorgen. Wende dich also nicht nur an ihn, weil du sonst keinen Ausweg mehr siehst. Dein himmlischer Papa liebt es, wenn deine erste Reaktion auf jede Situation ist, dich an ihn zu weden und zu sagen: »Bitte segne mich reichlich!«

Du gehörst einem großen, großen Gott, der es liebt, wenn du ihn um Großes bittest. Wenn du das tust, nennt er dich »ehrenwert«. Anstatt sich darüber zu ärgern, dass wir zu viel nehmen, freut er sich, wenn wir uns bei allem, was wir brauchen, auf ihn verlassen.

Wenn du gerade etwas Schweres durchmachst, bleib nicht entmutigt oder wütend. Werde aktiv und bitte deinen himmlischen Papa, die Dinge für dich zum Guten zu wenden. Bitte ihn nicht nur darum, dass er dich aus der Situation herausholt. Bitte ihn, dass er deine Probleme in großen Segen verwandelt.

Du wirst erstaunt sein, was dein liebender Vater tut, wenn du mutig zu ihm sagst:

TAG 29

BESTER ZEITPUNKT, BESTER WEG

Vertraue von ganzem Herzen auf den HERRN und verlass dich nicht auf deinen Verstand. Denke an ihn, was immer du tust, dann wird er dir den richtigen Weg zeigen.

Sprüche 3,5–6 NLB

Naaman, der Befehlshaber der syrischen Armee, hatte eine unheilbare Hautkrankheit namens Lepra. Naaman war kein Jude – aber als er hörte, dass es einen Propheten Gottes gab, der ihn heilen könnte, reiste er den ganzen Weg nach Israel, um ihn zu sehen.

Naaman kam im Haus des Propheten Elisa an und erwartete, von dem Propheten selbst begrüßt zu werden. Doch Elisa sandte stattdessen nur seinen Diener zu Naaman, um ihn anzuweisen, sich siebenmal im Jordan zu waschen. Da war Naaman wütend!

Das hatte Naaman nicht erwartet. Naaman wollte, dass Elisa höchstpersönlich für ihn betete. Elisa selbst sollte seine Hände über Naamans kranke Haut halten und ihn heilen! Naaman konnte nicht verstehen, wie etwas so Einfaches wie das Eintauchen in den Fluss die Antwort auf sein Problem sein sollte. Da sagten seine Diener: »Wenn der Prophet dir gesagt hätte, dass du etwas Schwieriges tun sollst, hättest du es getan. Jetzt, wo er dir diese einfache Sache gesagt hat, solltest du nicht gehorchen?« (2. Könige 5,13).

Und obwohl er es nicht verstand, ging Naaman in den Fluss Jordan. Das erste Mal, als er aus dem Wasser kam, geschah nichts. Auch beim zweiten, dritten oder vierten Mal wurde er nicht geheilt. Das fünfte und sechste Mal zeigten ebenfalls keine Ergebnisse. Wo war das Wunder, das er wollte? Glücklicherweise gab Naaman nicht auf. Als er zum siebten Mal wieder aus dem Wasser auftauchte, war seine Haut nicht nur geheilt – sie war so weich und neu wie die eines Kindes!

Lies über
Naaman in
2. Könige 5,1–14.

Hey Jesuskind!

Wenn du schon seit einer Weile betest und auf etwas wartest, aber immer noch keine Ergebnisse siehst, denke an Naamans Geschichte. Gib nicht auf. Glaube weiter daran, dass dein Wunder schon auf dem Weg zu dir ist. Vertraue dem Herrn von ganzem Herzen. Sein Timing ist immer perfekt – nie zu früh und nie zu spät.

Manchmal ist die Antwort, die du bekommst, nicht die, die du erwartet hättest. Wenn du nicht verstehen kannst, warum die Dinge nicht so laufen, wie du es möchtest, denk immer daran, dass dein himmlischer Papa dich sehr liebt.
Er liebt dich so sehr, dass er seinen kostbaren Sohn Jesus für dich gab. Und weil er dir bereits sein Bestes (Jesus) gegeben hat, kannst du sicher sein, dass er dir auch den Rest seiner Segnungen geben wird (Römer 8,32)!

Vertraue Jesus von ganzem Herzen.
Du kannst dich immer auf ihn verlassen.
Du kannst sagen:

Lieber Jesus,
ich glaube an dich.
Du bist immer gut zu mir.
Ich kann immer darauf vertrauen,
dass du weißt, was das Beste für
mich ist. Danke, Jesus, dass du mich
so sehr liebst. Amen.

TAG 30

DER GOTT DES UNMÖGLICHEN

Da stand die Sonne still, und der Mond blieb stehen, bis sich das Volk an seinen Feinden gerächt hatte.

Josua 10,13

Als fünf feindliche Könige die Stadt Gibeon angriffen, riefen sie Josua um Hilfe. Auch wenn er mit seiner Armee zahlenmäßig weit unterlegen war, zog Josua in die Schlacht und wusste, dass der Herr ihm den Sieg schenken würde.

Auf Schritt und Tritt kämpfte der Herr für Josua. Bei Gibeon verwirrte er die Feinde so sehr, dass Josua und sein Heer sie leicht verjagen konnten. Dann schickte der Herr riesige Hagelkörner, um sie zu besiegen! Alles lief gut, bis die Sonne unterzugehen begann. Josua kam das sehr ungelegen. Wenn die Nacht käme, bevor er den kompletten Sieg errungen hätte, würde der Feind Gelegenheit haben, sich auszuruhen und zu erholen.

Josua wusste, dass er die Schlacht an diesem einen Tag beenden musste. Mitten in der Schlacht und mit einer Stimme, die so laut war, dass es jeder hören konnte, befahl Josua also: »Sonne, steh still!« Stell dir das vor!

Und rate mal? Die Erde blieb stehen und die Sonne ging nicht unter. Josua bat um das Unmögliche – und der Herr gab ihm das zusätzliche Tageslicht, das er brauchte, um die Schlacht zu gewinnen. Wow!

Was war das Geheimnis von Josuas Kühnheit? Er glaubte, dass der Herr das, was er versprochen hatte, auch sicher tun würde. Er wusste: Wenn er das Unmögliche brauchte, um den Sieg zu erringen, konnte er Gott auch um das Unmögliche bitten!

Lies selbst die ganze Geschichte in Josua 10,1-15.

Hey Jesuskind!

Jedes Mal, wenn du einer Herausforderung begegnest und denkst: *Das ist unmöglich!*, kannst du dich an diese erstaunliche Geschichte erinnern. Josua war so sehr davon überzeugt, dass Gott seine Versprechen halten würde, dass er es wagte, um das Unmögliche zu bitten!

Die Wahrheit ist, dass es nichts gibt, was für unseren Gott unmöglich ist, denn er ist der Gott des Unmöglichen. Selbst wenn das, was nötig ist, um dich zu retten, unmöglich erscheint, kannst du darauf vertrauen, dass Gott es tut.

Wenn es dir schwerfällt, das zu glauben, denke einfach daran, was unser Herr Jesus für uns getan hat, als er auf die Erde kam. Wer hätte gedacht, dass der Gott des Universums es zulassen würde, als winziges Baby geboren zu werden! Es schien unmöglich, dass jemand bereit wäre, den Preis für unsere Sünden zu bezahlen – doch unser Jesus war mehr als bereit dazu.

Wenn du weißt, dass Jesus dies bereits für dich getan hat, kannst du sicher sein, dass es nichts gibt, was für ihn unmöglich ist!

Was tust du jetzt, da du dies weißt?

Trau dich, den Herrn um das zu bitten, was du brauchst. Selbst wenn es unmöglich erscheint!

TAG 31

HÖREN IST GLAUBEN

Der Glaube kommt also aus dem Hören, das Gehörte aber durch das Wort Christi.

Römer 10,17 NGÜ

Als das Volk Israel in das verheißene Land einziehen wollten, schickte Josua zwei Spione, um die feindliche Stadt Jericho auszukundschaften. Dort wurden sie dabei beobachtet, wie sie das Haus einer Frau namens Rahab betraten. Es dauerte nicht lange, bis Soldaten an ihre Tür klopften!

Obwohl sie eine Bürgerin von Jericho war, beschloss Rahab, die beiden Spione zu schützen. Anstatt sie den Soldaten auszuliefern, versteckte Rahab die beiden Spione auf dem Dach ihres Hauses und schickte die Soldaten weg.

Warum tat Rahab das? Weil sie vom Herrn gehört hatte und an ihn glaubte. Das hören wir aus dem heraus, was sie den Kundschaftern sagte: »Ich weiß, dass der Herr euch dieses Land gegeben hat. Wir haben von all den mächtigen Dingen gehört, die euer großartiger Gott für euch getan hat. Wir haben alle Angst vor euch!«

Die Kundschafter sagten ihr, sie solle an dem Tag, an dem das Volk Israel die Stadt einnehmen würde, ein scharlachrotes Seil aus ihrem Fenster hängen. Weil Rahab an den Herrn glaubte, waren sie und ihre Familie die einzigen Menschen in der Stadt, die gerettet wurden, als die Mauern von Jericho fielen.

Ihr Vertrauen auf den Herrn hat sie nicht nur gerettet. Es gab ihr noch mehr – nämlich auch eine Hoffnung und Zukunft. Später heiratete Rahab Salmon, einen Anführer aus dem Stamm Juda. Ihr Sohn Boas würde der Urgroßvater von David werden – dem Hirtenjungen, der später der König von Israel wurde!

Entdecke die ganze Geschichte in Josua 2,1-21

Hey Jesuskind!

Hast du bemerkt, dass Rahab an den Herrn glaubte, weil sie von ihm HÖRTE? Genauso funktioniert es auch für dich. Je mehr du von Jesus hörst (indem du dir Zeit nimmst, um Geschichten zu lesen wie die in diesem Buch), desto mehr Glaube wird sich bei dir entwickeln, und desto mehr wirst du seine Freundschaft genießen.

Aber hier ist die beste Nachricht! Die Bibel sagt, dass du gerettet wirst, wenn du an Jesus glaubst (Apostelgeschichte 16,31)!

Wie schon Rahab musst du nicht mehr befürchten, dass der Herr zornig auf dich ist oder dass schlimme Dinge passieren, wenn du versagst. Der Herr ist jetzt für immer auf deiner Seite und er ist da, um dich aus jeder schwierigen Lage zu retten. Du hast eine gute Zukunft und Hoffnung, weil du ihm vertraust (Jeremia 29,11)!

Wenn du also das nächste Mal das Gefühl hast, dass du in Schwierigkeiten steckst, nimm dieses Buch zur Hand, damit du wieder von Jesus hören kannst! Dann wird dein Herz mit Glauben statt mit Angst erfüllt, und du wirst erleben, wie Jesus, dein bester Freund, das Schlechte zum Guten wendet.

GEBET FÜR ERRETTUNG

Wenn du Jesus als deinen Retter und besten Freund in deinem Leben haben willst, sprich die folgenden Worte einfach laut aus:

Lieber Herr Jesus,
danke, dass du mich so sehr liebst und
mich am Kreuz von meiner Schuld und meinen
Sünden befreit hast. Weil du das getan hast,
bin ich jetzt ein geliebtes Kind Gottes.
Ich glaube an dich. Du wirst mich nie
verlassen und immer für mich sorgen.
Du bist jetzt mein bester Freund.
Amen!

Wenn du dieses Gebet gesprochen hast, hast du ein wunderbares und ganz besonderes Geschenk erhalten. Das ist ein Grund zum Feiern! Erzähle jemandem davon, damit er oder sie sich mit dir freuen kann!

NOTIZEN & GEDANKEN...

NOTIZEN & GEDANKEN ...

NOTIZEN & GEDANKEN...

Notizen & Gedanken …

NOTIZEN & GEDANKEN...

NOTIZEN & GEDANKEN...